ESTATUTO DO DESARMAMENTO

O GEN | Grupo Editorial Nacional – maior plataforma editorial brasileira no segmento científico, técnico e profissional – publica conteúdos nas áreas de concursos, ciências jurídicas, humanas, exatas, da saúde e sociais aplicadas, além de prover serviços direcionados à educação continuada.

As editoras que integram o GEN, das mais respeitadas no mercado editorial, construíram catálogos inigualáveis, com obras decisivas para a formação acadêmica e o aperfeiçoamento de várias gerações de profissionais e estudantes, tendo se tornado sinônimo de qualidade e seriedade.

A missão do GEN e dos núcleos de conteúdo que o compõem é prover a melhor informação científica e distribuí-la de maneira flexível e conveniente, a preços justos, gerando benefícios e servindo a autores, docentes, livreiros, funcionários, colaboradores e acionistas.

Nosso comportamento ético incondicional e nossa responsabilidade social e ambiental são reforçados pela natureza educacional de nossa atividade e dão sustentabilidade ao crescimento contínuo e à rentabilidade do grupo.

CLEBER MASSON
ALÍCIA PESSETTI
CHRISTIANO JORGE SANTOS

ESTATUTO DO DESARMAMENTO

- Os autores deste livro e a editora empenharam seus melhores esforços para assegurar que as informações e os procedimentos apresentados no texto estejam em acordo com os padrões aceitos à época da publicação, e todos os dados foram atualizados pelos autores até a data de fechamento do livro. Entretanto, tendo em conta a evolução das ciências, as atualizações legislativas, as mudanças regulamentares governamentais e o constante fluxo de novas informações sobre os temas que constam do livro, recomendamos enfaticamente que os leitores consultem sempre outras fontes fidedignas, de modo a se certificarem de que as informações contidas no texto estão corretas e de que não houve alterações nas recomendações ou na legislação regulamentadora.

- Fechamento desta edição: *25.01.2025*

- Os autores e a editora se empenharam para citar adequadamente e dar o devido crédito a todos os detentores de direitos autorais de qualquer material utilizado neste livro, dispondo-se a possíveis acertos posteriores caso, inadvertida e involuntariamente, a identificação de algum deles tenha sido omitida.

- Direitos exclusivos para o Brasil na língua portuguesa
Copyright © 2025 by
Editora Forense Ltda.
Uma editora integrante do GEN | Grupo Editorial Nacional
Travessa do Ouvidor, 11 – Térreo e 6º andar
Rio de Janeiro – RJ – 20040-040
www.grupogen.com.br

- Reservados todos os direitos. É proibida a duplicação ou reprodução deste volume, no todo ou em parte, em quaisquer formas ou por quaisquer meios (eletrônico, mecânico, gravação, fotocópia, distribuição pela Internet ou outros), sem permissão, por escrito, da Editora Forense Ltda.

- Capa: Thaissa Fonseca

- **CIP-BRASIL. CATALOGAÇÃO NA PUBLICAÇÃO**
SINDICATO NACIONAL DOS EDITORES DE LIVROS, RJ

M372e

Masson, Cleber
  Estatuto do desarmamento / Cleber Masson, Alícia Pessetti, Christiano Jorge Santos. - 1. ed. - Rio de Janeiro : Método, 2025.
  176 p. ; 23 cm.

  Inclui bibliografia
  ISBN 978-85-3099-602-4

  1. Brasil. [Estatuto do desarmamento (2003)]. 2. Armas de fogo - Legislação - Brasil. 3. Armas de fogo - Comércio - Legislação - Brasil. I. Pessetti, Alícia. II. Santos, Christiano Jorge. III. Título.

24-95586
CDU: 341.67(81)

Gabriela Faray Ferreira Lopes - Bibliotecária - CRB-7/6643

Aos meus pais, pelos esforços que permitiram a realização dos meus sonhos.
À Carol, pela união e companheirismo em todos os momentos.
Às minhas filhas, Maria Luísa e Rafaela, luzes da minha vida, por quem busco a cada dia ser uma pessoa melhor.
Cleber Masson

Dedico esta obra aos meus pais, Denis e Fátima, os quais jamais mediram esforços para me proporcionar uma educação humana e honesta. Que ensinaram, a partir do exemplo, os irrenunciáveis valores da integridade, do trabalho, da dedicação e do amor incondicional.
À minha irmã Beatriz, exemplo de força, liderança e resiliência. Amiga e parceira para todas as horas.
Ao meu grande amor Raphael, pela compreensão, carinho, respeito e companheirismo. Por compartilhar sonhos, renúncias e aspirações comigo, em prol de objetivos comuns elevados.
Alícia Cristóvão Pessetti

Para Caroline, minha Carol, sol que meus dias aquece e ilumina.
Deixo aqui também consignada minha admiração àqueles que impediram a vedação à aquisição das armas de fogo pelos cidadãos merecedores dessa confiança.
Ao Estado é vedado impedir o acesso aos meios de defesa necessários à população, desde que tais cidadãos sejam considerados mental e tecnicamente capacitados. Portanto, não se pode proibir o acesso às armas de fogo, principalmente num país com criminalidade desenfreada e armada.
As armas, em si, são meros instrumentos a serviço dos seres humanos. Podem ser usados para preservar a lei ou para violá-la.
O bem e o mal não estão nas armas (como não estão na internet, por exemplo).
Cabe ao Estado cuidar da segurança e, por conseguinte, agir preventiva e repressivamente no que tange ao controle das armas de fogo, sem nunca impedir e sem criar obstáculos de toda ordem a tanto, como alguns têm tentado fazer.
Christiano Jorge Santos

APRESENTAÇÃO

Temos a honra de apresentar ao público uma obra completa sobre tema interessante, importante e complexo: a legislação sobre armas de fogo no Brasil.

Tivemos a cautela de atualizar este livro de acordo com os julgados mais recentes dos principais tribunais brasileiros, bem como a partir da mais abalizada doutrina nacional.

A legislação sobre armas de fogo no Brasil possui características bastante peculiares, pois o tema exige conhecimentos distintos de quem se aventura a enfrentá-lo. É preciso saber o Direito, mas também entender de armas, munições e acessórios. Muitos conhecem Direito Penal e outros tantos entendem de armas. Sobre ambos os assuntos, todavia, poucos têm o domínio.

A complexidade do Estatuto do Desarmamento inicia-se pelo fato de a Lei 10.826/2003 possuir inúmeras normas penais em branco, ou seja, as definições de crimes (as denominadas normas penais incriminadoras) estão atreladas a outras tantas de caráter infralegal, que as complementam.

Como se não fosse suficiente a proliferação de decretos e portarias regulamentadores do Estatuto, que são alterados sucessivamente em pequenos intervalos de tempo, muitas dessas normas são excessivamente técnicas, o que dificulta a compreensão da matéria e, pior, trazem problemas de diversas ordens para quem atua com casos concretos.

Assim, a mera apreensão pela Polícia de uma arma de fogo pode resultar em diversas soluções penais, a depender do local onde está a arma, da condição de quem a possui ou porta, da natureza do instrumento, de seu calibre ou de estar ela municiada ou não. Como muitos operados do Direito não conhecem a diferença entre um revólver e uma pistola e tampouco entendem o que significa calibre de uma arma, realizar a classificação entre artefato de uso permitido, restrito ou proibido pode parecer um problema insolúvel.

Atentos a isso, procuramos "traduzir" o linguajar técnico aos estudiosos do Direito que possuem dificuldade de entender os aspectos técnicos das armas de fogo, munições e acessórios. Sem prejuízo, buscamos explicar, de forma didática, as questões jurídicas às inúmeras pessoas que se interessam pelo tema, mas que não são afetas ao mundo do Direito.

Àqueles experimentados na matéria e que frequentemente se deparam com situações peculiares e pouco exploradas, buscamos também analisar com profundidade diversos aspectos problemáticos enfrentados diuturnamente nos embates forenses, apresentando nossos posicionamentos com convicção, não esquecendo, contudo, de expor os pontos de vista divergentes que existem.

Esperamos ter tido sucesso na empreitada e fazemos votos de que nossos leitores aprovem o trabalho.

Se de algum modo, com esta obra, pudermos auxiliar na compreensão da matéria e a solucionar os problemas que emergem dos litígios judiciais, daremos por bem cumprida a missão.

Desejamos uma boa leitura.

Os autores

SUMÁRIO

1	INTRODUÇÃO...	1
2	BEM JURÍDICO TUTELADO PELA LEI Nº 10.826/2003.............	7
3	GENERALIDADES DOS CRIMES PREVISTOS NA LEI Nº 10.826/2003...	11
	3.1. Crimes de perigo: acerca da concretude (perigo concreto) ou abstração do perigo (perigo abstrato)............................	11
	3.2. Desnecessidade de realização de perícia em armas de fogo, munições e acessórios para a condenação criminal....................	15
	3.3. Normas penais em branco...	18
4	CONCEITUAÇÕES TÉCNICAS RELEVANTES PARA O TRATAMENTO DA MATÉRIA À LUZ DA LEI Nº 10.826/2003..........	21
	4.1. Classificações das armas de fogo, munições e acessórios: uso permitido, restrito e proibido..	21
	4.2. Espécies de certificados de registro...................................	34
	4.2.1. Tratamento jurídico conferido aos caçadores excepcionais, atiradores desportivos e colecionadores (CACs)..........	35
5	CONSIDERAÇÕES SOBRE O ART. 12 DA LEI Nº 10.826/2003: "POSSE IRREGULAR DE ARMA DE FOGO DE USO PERMITIDO"...	47
	5.1. Bem jurídico tutelado e sujeitos ativo e passivo.....................	47
	5.2. Elementares do tipo penal...	47
	5.3. Elemento subjetivo do tipo..	50
	5.4. Classificação doutrinária...	50
	5.5. Pena, ação penal e questões processuais............................	51
	5.6. Pontos controvertidos..	51
	5.6.1. Atipicidade em razão de registro vencido de arma de fogo...	51
	5.6.2. Da permanência delitiva e suas consequências............	54

	5.6.3.	Inaplicabilidade do *princípio da insignificância* em relação às munições apreendidas em pouca quantidade............	55
	5.6.4.	Arma de fogo desmuniciada..	57
	5.6.5.	Arma de fogo inapta a efetuar disparos	59
	5.6.6.	Posse de mais de um objeto de uso controlado	63
	5.6.7.	Munição deflagrada	65

6 CONSIDERAÇÕES SOBRE O ART. 13 DA LEI Nº 10.826/2003: "OMISSÃO DE CAUTELA" 67

6.1.	Bem jurídico tutelado e sujeitos ativo e passivo	67
6.2.	Elementares do tipo penal	68
6.3.	Elemento subjetivo do tipo	70
6.4.	Classificação doutrinária...	74
6.5.	Pena, ação penal e questões processuais	74
6.6.	Pontos controvertidos	74

6.6.1.	Desnecessidade de apoderamento da arma de fogo pelo menor de 18 anos ou pela pessoa com deficiência mental (art. 13, *caput*, da Lei nº 10.826/2003)	74
6.6.2.	Deixar de tomar as cautelas necessárias para impedir o acesso de *pessoa inexperiente* à arma de fogo............	77
6.6.3.	Munições e acessórios..	77
6.6.4.	Distinção entre o delito disposto no art. 13, *caput*, da Lei nº 10.826/2003 e o previsto no art. 16, § 1º, V, da Lei nº 10.826/2003	78

7 CONSIDERAÇÕES SOBRE O ART. 14 DA LEI Nº 10.826/2003: "PORTE ILEGAL DE ARMA DE FOGO DE USO PERMITIDO" .. 81

7.1.	Bem jurídico tutelado e sujeitos ativo e passivo	81
7.2.	Elementares do tipo penal	81
7.3.	Elemento subjetivo do tipo	86
7.4.	Classificação doutrinária...	86
7.5.	Pena, ação penal e questões processuais	86
7.6.	Pontos controvertidos	88

7.6.1.	Art. 10 da Lei nº 9.437/1997 e a irretroatividade da lei penal...	88
7.6.2.	Porte de pouca quantidade de munição e a inaplicabilidade do princípio da insignificância	89
7.6.3.	Arma de fogo desmuniciada..	89
7.6.4.	Inaptidão da arma de fogo, do acessório ou da munição	89
7.6.5.	Concurso entre o crime praticado com emprego de arma de fogo e o porte de arma de fogo	90

	7.6.6.	Exercício da legítima defesa com o emprego de arma de fogo, sem autorização e em desacordo com determinação legal e regulamentar............................	91
	7.6.7.	A venda de arma de fogo de uso permitido sem autorização e em desacordo com determinação legal e regulamentar..	91
	7.6.8.	Porte de mais de um objeto de uso controlado..........	92
	7.6.9.	Autorização vencida para o porte de arma de fogo.....	92
	7.6.10.	Porte de arma de fogo por guardas civis municipais...	94
	7.6.11.	Porte de arma de fogo sem a documentação pertinente..	95
	7.6.12.	Porte ilegal de arma de fogo e tráfico de drogas: aplicação do princípio da consunção ou reconhecimento do concurso de crimes?...	96

8 CONSIDERAÇÕES SOBRE O ART. 15 DA LEI Nº 10.826/2003: "DISPARO DE ARMA DE FOGO".. 99

8.1.	Bem jurídico tutelado e sujeitos ativo e passivo	99
8.2.	Elementares do tipo penal	99
8.3.	Elemento subjetivo do tipo	101
8.4.	Classificação doutrinária	101
8.5.	Pena, ação penal e questões processuais	101
8.6.	Pontos controvertidos	102

	8.6.1.	Concurso de crimes: posse ou porte ilegal de arma de fogo e disparo de arma de fogo...	102
	8.6.2.	Concurso de crimes: disparo de arma de fogo e crime de dano	105
	8.6.3.	Disparo de arma de fogo ou acionamento de munição em lugar ermo..	106
	8.6.4.	Disparo de alerta ou de advertência	107
	8.6.5.	Necessidade de verificação técnica da aptidão da arma de fogo para realizar disparos.....................................	108
	8.6.6.	Prescindibilidade de exame pericial residuográfico para a comprovação do crime..	109

9 CONSIDERAÇÕES SOBRE O ART. 16, *CAPUT* E § 2º, DA LEI Nº 10.826/2003: "POSSE OU PORTE ILEGAL DE ARMA DE FOGO DE USO RESTRITO E PROIBIDO"..................................... 115

9.1.	Bem jurídico tutelado e sujeitos ativo e passivo	115
9.2.	Elementares do tipo penal	115
9.3.	Elemento subjetivo do tipo	118
9.4.	Classificação doutrinária	118
9.5.	Pena, ação penal e questões processuais	118

9.6.		Pontos controvertidos	120
	9.6.1.	Inaptidão da arma de fogo, do acessório ou da munição	120
	9.6.2.	Porte de pouca quantidade de munição e a inaplicabilidade do princípio da insignificância	120
	9.6.3.	Concurso entre o crime praticado com emprego de arma de fogo e o porte de arma de fogo	120
	9.6.4.	Exercício da legítima defesa com o emprego de arma de fogo, sem autorização e em desacordo com determinação legal e regulamentar..	120
	9.6.5.	Posse ou porte de mais de um objeto de uso controlado	120
	9.6.6.	A venda de arma de fogo de uso restrito ou proibido sem autorização e em desacordo com determinação legal e regulamentar..	120
	9.6.7.	Arma de fogo desmuniciada...	120
	9.6.8.	*Abolitio criminis* da conduta de possuir ou portar munição ou acessório de uso proibido...............................	121
	9.6.9.	Caráter hediondo do delito de posse e porte ilegal de arma de fogo de uso proibido...	122
	9.6.10.	Porte funcional, conferido a membros da Magistratura e do Ministério Público, de armas de fogo de uso restrito	123

10 CONSIDERAÇÕES SOBRE O ART. 16, § 1º, DA LEI Nº 10.826/2003: CONDUTAS EQUIPARADAS AO CRIME DE "POSSE OU PORTE ILEGAL DE ARMA DE FOGO DE USO RESTRITO" .. 127

10.1.		Considerações introdutórias	127
10.2.		Elementares dos tipos penais, classificações doutrinárias e pontos controvertidos...	128
	10.2.1.	Inciso I..	128
	10.2.2.	Inciso II	129
	10.2.3.	Inciso III...	129
	10.2.4.	Inciso IV...	131
	10.2.5.	Inciso V...	131
	10.2.6.	Inciso VI...	132
10.3.		Elemento subjetivo do tipo..	133

11 CONSIDERAÇÕES SOBRE O ART. 17 DA LEI Nº 10.826/2003: "COMÉRCIO ILEGAL DE ARMA DE FOGO" 135

11.1.	Bem jurídico tutelado e sujeitos ativo e passivo	135
11.2.	Elementares do tipo penal	135
11.3.	Elemento subjetivo do tipo..	137
11.4.	Classificação doutrinária..	137

11.5.	Pena, ação penal e questões processuais		137
11.6.	Pontos controvertidos		138
	11.6.1.	Crime impossível	138
	11.6.2.	Possibilidade de condenação sem a apreensão da arma de fogo, munição ou acessório comercializado	138

12 CONSIDERAÇÕES SOBRE O ART. 18 DA LEI Nº 10.826/2003: "TRÁFICO INTERNACIONAL DE ARMA DE FOGO" 141

12.1.	Bem jurídico tutelado e sujeitos ativo e passivo		141
12.2.	Elementares do tipo penal		141
12.3.	Elemento subjetivo do tipo		142
12.4.	Classificação doutrinária		142
12.5.	Pena, ação penal e questões processuais		143
12.6.	Pontos controvertidos		144
	12.6.1.	Conflito aparente de normas entre o art. 18 da Lei nº 10.826/2003 e o art. 334-A do CP	144

13 DISPOSIÇÕES GERAIS DE INTERESSE PENAL DO ESTATUTO DO DESARMAMENTO 147

13.1.	Art. 25 da Lei nº 10.826/2003	147
13.2.	Art. 26 da Lei nº 10.826/2003	149
13.3.	Arts. 30, 31 e 32 da Lei nº 10.826/2003	150

REFERÊNCIAS BIBLIOGRÁFICAS 155

INTRODUÇÃO 1

Com o advento da nova ordem jurídico-constitucional, inaugurada a partir da promulgação da Constituição Federal de 1988, o Estado brasileiro se consagrou como democrático. Desde o preâmbulo da Carta Maior, a Constituinte estabeleceu como diretriz aos poderes públicos a garantia do exercício dos direitos fundamentais, sejam eles sociais e individuais, comprometendo-se com o bem-estar e a harmonia social, bem como, "na ordem interna e internacional, com a solução pacífica das controvérsias" (Preâmbulo da CF).

O art. 5º, *caput*, da CF, por sua vez, consolidou o direito à segurança pública como fundamental na ordem jurídica vigente, conferindo ao Estado, dentro do seu dever de garantia e concretização dessa espécie de direitos, o poder de controlar a aquisição e o uso de determinados objetos que se configurem como perigosos ou nocivos à paz social.

Nesse contexto, o Estatuto do Desarmamento se afigura como instrumento jurídico que disciplina a aquisição, o registro, a posse, o porte e o manejo das armas de fogo e dos objetos a elas correlatos no território brasileiro e, precipuamente, parte da premissa (correta ou não) de que o amplo acesso da população às armas de fogo é fator propulsor da violência e da letalidade, acarretando o aumento demasiado da criminalidade, razão de sua nomenclatura.

A relação de causa-consequência entre as armas de fogo e a criminalidade é objeto de constante estudo dos pesquisadores do Instituto de Pesquisa Econômica Aplicada (Ipea) e amplamente discorrida nos diversos Atlas da Violência, anualmente publicados, conquanto sujeitos a críticas por parte dos partidários do armamentismo ou dos defensores da ampliação do direito de a população (ou parte dela) ter facilitado o acesso às armas de fogo.

Sobre o assunto, destacam-se as observações tecidas no Atlas da Violência de 2019, no qual se elencaram as principais causas relacionadas à difusão de armas de fogo no Brasil e o aumento da insegurança pública, bem como se constatou o freio no aumento de mortes decorrentes do uso de armas de fogo a partir do advento da Lei nº 10.826/2003. A esse respeito[1]:

---

[1] IPEA; FBSP (org.). *Atlas da violência 2019*. Rio de Janeiro: Ipea; FBSP, 2019. p. 81.

> Enquanto nos 14 anos após o ED [Estatuto do Desarmamento], entre 2003 e 2017, o crescimento médio anual da taxa de homicídios por arma de fogo no país foi de 0,85%. Nos 14 anos antes do ED, a taxa média anual havia sido de 5,44%, ou mais de seis vezes maior. Claramente, o gráfico 8.1 mostra uma quebra de tendência na velocidade de crescimento das mortes por armas de fogo exatamente em 2003. Por outro lado, essa mudança poderia se dar por outras razões alheias à sanção do ED (de cunho macroeconômico, ou demográfico, por exemplo). Contudo, se esse fosse o caso, tal fenômeno deveria afetar a violência em geral e não apenas as mortes por armas de fogo, mas os homicídios por outros meios também.

Nos aspectos social e político, todavia, o tema não é tranquilo, afinal a questão armamentista é constantemente posta em discussão e muito utilizada como ferramenta política, quase como uma manifestação de poder. Em razão disso, as normativas que tratam de questões (des)armamentistas no Brasil, notadamente as de caráter infralegal, sofrem sensíveis e frequentes alterações.

Nesse sentido, já se teve a oportunidade de discorrer[2]:

> A partir de uma análise da legislação sobre o tema nos últimos vinte e cinco anos, no tocante às armas de fogo, munições e acessórios, optou o Brasil pela modificação legislativa como uma das principais estratégias de diminuição de delitos violentos. A criminalização das condutas, o aumento das penas e o incremento de novos tipos penais decorreram da compreensão por parte do legislador de que o direito penal poderia servir para frear a criminalidade armada.

A conclusão acima tomada não é mera confabulação. Os pesquisadores responsáveis pela publicação em 2023 do Atlas da Violência estimam que "o aumento de 1% na difusão de armas de fogo gera um aumento nas taxas de homicídios e de latrocínios de cerca de 1,2%", concluindo que "a maior circulação de armas de fogo opera para aumentar as mortes na sociedade e, em particular, aquelas que são derivadas de um roubo malsucedido, ou latrocínio"[3].

Assim, a existência de um Estado de Direito pressupõe que o poder público, no sentido mais amplo do termo, detenha o monopólio da violência, utilizando-a com o escopo único de garantir a ordem pública e, assim, viabilizar o exercício dos direitos fundamentais. Para tanto, é imprescindível o controle de aquisição e de uso das armas de fogo a fim de reduzir (ou tentar reduzir) a criminalidade armada, garantir a segurança pública, a paz social e, inevitavelmente, resguardar o uso legítimo da violência ao próprio Estado.

---

[2] REIS JR., Almir Santos; SANTOS, Christiano Jorge. Posse ou porte ilegal de arma de fogo de uso restrito – art. 16 da Lei nº 10.826/2003. In: HAMMERSCHMIDT, Denise (coord.). *Crimes hediondos e assemelhados = Heinous crimes*. Curitiba: Juruá, 2020. p. 285-320.

[3] IPEA; FBSP (org.). *Atlas da violência 2023*. Brasília: Ipea; FBSP, 2023. p. 103.

Não se pode deixar de anotar, de todo modo, que as principais críticas a tal posicionamento residem no fato de o Estado brasileiro falhar na prestação de segurança pública ante o crescimento, em geral, da criminalidade (sobretudo a criminalidade organizada) que, lamentavelmente, continua a ter franco acesso a armamento pesado, inclusive de guerra, como fuzis, dentre outros.

É certo, todavia, que a limitação da produção, venda, aquisição, posse e porte das armas de fogo encontra respaldo jurídico no Texto Constitucional e, para além das discussões de índole científica, social e política, cuida-se de tema vinculado à discricionariedade própria dos agentes políticos eleitos, responsáveis pela elaboração de leis e edição de atos normativos e administrativos.

Numa análise histórica mais recente[4] da legislação penal, verifica-se que as primeiras infrações penais relacionadas ao manejo (leia-se: porte, posse e núcleos do tipo correlatos) ilegal de armas de fogo no ordenamento jurídico pátrio advieram da Lei das Contravenções Penais – LCP (Decreto-Lei nº 3.688/1941), mais precisamente das tipificações contidas em seus arts. 18 e 19. É certo, porém, que a LCP tratava com idêntico rigor as "armas", não as distinguindo entre *brancas* ou *de fogo* – classificação que será mais bem estudada no capítulo 4.

Atualmente, conquanto tais dispositivos encontrem-se em vigência formal, remanesce discussão acerca de sua vigência material, ao menos em relação às armas denominadas *brancas*, não contempladas nas legislações posteriores. Quanto às *armas de fogo*, algumas situações específicas permitem debates sobre sua vigência, como se verá nos itens específicos.

Em 1997, foi publicada a Lei nº 9.437, que instituiu o Sistema Nacional de Armas (Sinarm)[5] e estabeleceu como crimes – e não mais como contravenções penais – as condutas de possuir e portar arma de fogo no Brasil. A

---

[4] Recente porque é possível identificar, por exemplo, no Código Criminal do Império de 1830 o crime de uso de armas defesas (art. 297: *Usar de armas offensivas, que forem prohibidas*), ou ainda a previsão de agravante genérica referente ao emprego de armas na prática de crimes (art. 16, sexto item: *Haver no delinquente superioridade em sexo, forças, ou armas, de maneira que o offendido não pudesse defender-se com probabilidade de repellir a offensa*).

[5] Em breve síntese, trata-se de sistema vinculado ao Ministério da Justiça, no âmbito da Polícia Federal, ao qual compete viabilizar a fiscalização da produção, fabricação, venda, aquisição, identificação, transferência e autorização de manejo das armas de fogo que circulam no território nacional. O rol de atribuições do Sinarm se encontra, atualmente, no art. 2º da Lei nº 10.826/2003, regulamentado pelos arts. 3º e 7º do Decreto nº 11.615/2023.

Há, ainda, outro sistema de controle, através do cadastro e identificação, das armas de fogo que transitam no território nacional, denominado Sistema de Gerenciamento Militar de Armas (Sigma), o qual, conforme o próprio nome indica, tem por finalidade cadastrar as armas de fogo das Forças Armadas, das polícias militares e dos corpos de bombeiros militares dos Estados e do Distrito Federal, bem como do Gabinete de Segurança Institucional da Presidência da República, nos termos do art. 3º, § 1º, do Decreto nº 11.615/2023.

mencionada lei foi responsável por diferenciar a disciplina legal atribuída às armas de fogo, em comparação com as armas brancas, e aumentar as penas cominadas às infrações penais envolvendo tais objetos.

Posteriormente, editou-se a Lei nº 10.826/2003, ora vigente, a qual ficou popularmente conhecida como Estatuto do Desarmamento, ab-rogando expressamente a Lei nº 9.437/1997 (art. 36 da Lei nº 10.826/2003). O objetivo da nova lei foi aprimorar e sistematizar o tratamento da questão atinente às armas de fogo, tipificando novas condutas e dificultando o acesso pela população às referidas armas.

Ainda sob o ponto de vista histórico, relevante rememorar que, após a publicação do Estatuto do Desarmamento (Lei nº 10.826/2003), a questão atinente à proibição de comercialização das armas de fogo no território nacional foi submetida, em referendo, ao povo, que entendeu, em votação majoritária ocorrida em outubro de 2005, por manter legalizado o comércio de armas de fogo – ainda que de forma controlada[6].

Juridicamente, constata-se que grande parte da disciplina da Lei nº 10.826/2003 cuida de questões de viés extrapenal, de notória importância social, administrativa e política, reservando o Capítulo IV, intitulado "Dos crimes e das penas", para a previsão dos tipos penais que serão aqui estudados.

Certo é, porém, que a Lei nº 10.826/2003 não encerra o tratamento criminal e processual conferido pelo ordenamento jurídico pátrio às matérias atinentes ao manejo de armas de fogo. Deveras, a Lei nº 13.497/2017 estabeleceu como hediondo o crime previsto no art. 16 da Lei nº 10.826/2003 (*porte de arma de fogo de uso restrito e de uso proibido*). Alguns anos depois, porém, a Lei nº 13.964/2019, popularmente conhecida como Pacote Anticrime, descaracterizou as condutas previstas no *caput* e no § 1º do art. 16 como crimes hediondos, mantendo nessa classificação apenas a conduta do § 2º (*porte de arma de fogo de uso proibido*)[7].

De toda forma, nos termos do § 3º do art. 3º do Decreto nº 11.615/2023, deverá haver integração e compartilhamento de informações dos dados cadastrados entre o Sinarm e o Sigma.

[6] TSE. *Referendo de 2005*. Disponível em: https://bit.ly/3Zc4pna. Acesso em: 24 mar. 2023.

[7] "Todavia, dois anos depois, ao contrário do que foi amplamente difundido, foi promulgada a Lei nº 13.964/2019 (chamada de Pacote Anticrime) que, ao invés de agravar a situação dos criminosos que utilizam armas de grosso calibre (especialmente fuzis), criou dificuldade de interpretação ao classificar como hediondo 'o crime de posse ou porte ilegal de arma de fogo de uso proibido', pois deixou de mencionar as munições e os acessórios de qualquer espécie e as armas de uso restrito, bem como não as definiu claramente" (REIS JR., Almir Santos; SANTOS, Christiano Jorge. Posse ou porte ilegal de arma de fogo de uso restrito – art. 16 da Lei nº 10.826/2003. In: HAMMERSCHMIDT, Denise (coord.). *Crimes hediondos e assemelhados = Heinous crimes*. Curitiba: Juruá, 2020. p. 285-320).

Acresça-se a isso a enorme quantidade de decretos regulamentadores da matéria, tendo em vista a impossibilidade fática e técnica de o legislador tratar das questões envolvendo as armas de fogo com a precisão e a complexidade inerentes ao assunto, além, evidentemente, dos interesses políticos vinculados ao tema.

De todo modo, observa-se do ponto de vista histórico-legislativo uma crescente atuação do legislador ordinário no sentido de endurecer as penas dos crimes correlatos às armas de fogo. Ampliam-se, ainda, as condutas típicas, tudo como forma de tentar reduzir a criminalidade armada e garantir a segurança pública, a partir do monopólio estatal da violência.

BEM JURÍDICO TUTELADO PELA LEI Nº 10.826/2003

A par da controvérsia acerca do rendimento da própria teoria do bem jurídico[1], fato é que não se pode negar o exercício de seu importante papel de justificar e de limitar o poder estatal punitivo (*jus puniendi*)[2], além de fornecer bases importantes para a correta distinção entre bens jurídicos legítimos e ilegítimos[3].

---

[1] Sobre a controvérsia, veja-se: (a) GRECO, Luís. Tem futuro a teoria do bem jurídico? Reflexões a partir da decisão do Tribunal Constitucional alemão a respeito do crime de incesto (§ 173 Strafgesetzbuch). *Revista Brasileira de Ciências Criminais*, São Paulo, v. 82, p. 165-185, jan./fev. 2010; (b) HEFENDEHL, Roland. Uma teoria social do bem jurídico. *Revista Brasileira de Ciências Criminais*, São Paulo, v. 87, p. 103-120, nov./dez. 2010; (c) KINDHÄUSER, Urs. Pena, bem jurídico-penal e proteção de bens jurídicos. *Revista Brasileira de Ciências Criminais*, São Paulo, v. 95, p. 85-95, mar./abr. 2012; (d) WOHLERS, Wolfgang. Teoria do bem jurídico e estrutura do delito. *Revista Brasileira de Ciências Criminais*, São Paulo, v. 90, p. 97-106, maio/jun. 2011; e (e) ROXIN, Claus. *Derecho Penal:* parte general – fundamentos. La estructura de la teoría del delito. Navarra: Thomson Reuters, 1997. t. I. p. 51-77.

[2] Sobre o assunto, veja-se os ensinamentos de Ferré Olivé, Núñez Paz, William Terra e Alexis de Brito: "Em um Estado social de Direito, atribuir ao próprio Estado a titularidade do *jus puniendi* não supõe uma decisão arbitrária, há que se entender que a *instância pública* é a única capaz de resolver o conflito de *forma pacífica*, ou seja, a que pode dar uma solução que garanta a paz social, traga segurança jurídica e respeite as garantias individuais. Tudo isso sem que se afastem soluções alternativas de conflitos, justamente renunciando à aplicação de uma pena, ou ao menos de uma pena privativa de liberdade. *Por que* possui o Estado a potestade de aplicar penas? O fundamento para aplicar penas é logicamente a *necessidade de tutelar bens jurídicos*. O Direito Penal é o *último recurso* com o qual conta o Estado para proteger estes interesses fundamentais. Desta forma, somamo-nos decididamente à tese majoritária na doutrina penalista que considera que a essência do Direito Penal radica na *tutela de bens jurídicos*" (FERRÉ OLIVÉ, Juan Carlos et al. *Direito Penal brasileiro*: parte geral – princípios fundamentais e sistema. São Paulo: Revista dos Tribunais, 2011. p. 75-76).

[3] Nesse sentido, estabeleceu Luís Greco: "que função pode essa teoria cumprir, além da já dada pelo critério da autonomia ou da esfera nuclear da vida privada e pelo exame de proporcionalidade? A resposta já foi dada por alguns defensores da teoria do bem jurídico, como Hassemer: a rigor, o exame de proporcionalidade já pressupõe uma teoria do bem jurídico, pois é necessário um ponto de referência para avaliar se um comportamento é adequado, necessário e proporcional em sentido estrito. Uma intervenção tem de ser idônea

O conceito de bem jurídico não é estático, variando conforme as alterações no tecido social e em razão dos progressos do conhecimento científico[4]. É nesse sentido que se observa, por exemplo, a influência de movimentos histórico-culturais nas alterações legislativas penais concernentes às armas no território brasileiro.

Nessa toada, pode-se consignar, pelos motivos expostos no capítulo introdutório, que a Lei nº 10.826/2003, em seu aspecto de abrangência, traz a tutela da segurança pública, erigida como princípio constitucional, nos termos do *caput* do art. 5º da Constituição Federal de 1988[5]. Afinal, tratando-se o direito penal de *ultima ratio*, a ampliação do número de crimes e a privação da liberdade individual necessariamente devem ser legitimadas a partir de valores e princípios constitucionalmente relevantes.

Assinale-se, como adiantado no capítulo introdutório, a notória relação existente entre a segurança pública e o controle de armas de fogo, atestada a partir de estudos contundentes[6] que associam a facilitação ao acesso às armas

---

e necessária para alcançar algo e ela tem de ser adequada em relação a algo. O fato de que não se pode legitimar uma intervenção com a proteção de valores morais é correto, mas não decorre da teoria do bem jurídico, e sim do argumento da autonomia acima exposto. À teoria do bem jurídico resta ainda a importante e majoritariamente sequer reconhecida tarefa de distinguir bens jurídicos (coletivos) verdadeiros e falsos com base em critérios claros" (GRECO, Luís. Tem futuro a teoria do bem jurídico? Reflexões a partir da decisão do Tribunal Constitucional alemão a respeito do crime de incesto (§ 173 Strafgesetzbuch). *Revista Brasileira de Ciências Criminais*, São Paulo, v. 82, p. 165-185, jan./fev. 2010).

[4] ROXIN, Claus. *Derecho Penal:* parte general – fundamentos. La estructura de la teoría del delito. Navarra: Thomson Reuters, 1997. t. I. p. 57-58.

[5] SANTOS, Christiano Jorge. *Prescrição penal e imprescritibilidade*. Rio de Janeiro: Campus-Elsevier, 2010. p. 20.

[6] Em julho de 2021, o Instituto Sou da Paz publicou um relatório intitulado *O papel da arma de fogo na violência contra a mulher*, com dados colhidos entre os anos de 2012 e 2019. Nesse relatório, é possível observar a utilização da arma de fogo como principal meio de violência contra a mulher. Salta aos olhos ainda o fato de que "enquanto a residência é local de apenas 11% dos óbitos por arma de fogo masculinos, no caso das mulheres, a residência é o local onde um quarto delas vem a óbito em razão de agressão cometida com arma de fogo, proporção que vem aumentando nos últimos anos e que pode ser usada como uma aproximação da violência doméstica, já que estudos indicam que a morte de mulheres em suas casas é, em sua maioria, fruto desse tipo de violência" (INSTITUTO SOU DA PAZ. *O papel da arma de fogo na violência contra a mulher:* análise da violência armada no Brasil de 2012 a 2019 a partir dos dados da Saúde. 2021. Disponível em: https://bit.ly/4f0u34d. Acesso em: 3 dez. 2024).

Já no ano de 2017, foi publicado (revisado, por sua vez, em 2018) estudo pelo National Bureau of Economic Research em que restou consignada, a partir de dados estatísticos, que "now the results were uniform: for both specifications, states that passed RTC laws experienced 13-15 percent higher aggregate violent crime rates than their synthetic controls after ten years (results that were significant at either the .05 or .01 level after five years)" (DONOHUE, John J.; ANEJA, Abhay; WEBER, Kyle D. Right-to-carry laws and violent

de fogo ao incremento de episódios violentos[7]. Também cabe ressaltar que as armas de fogo são objetos cuja destinação primária é, justamente, causar dano à integridade física alheia[8], o que as torna altamente nocivas e naturalmente perigosas, em mãos despreparadas e em poder de pessoas mal-intencionadas.

Nesse compasso, verifica-se que a tutela penal do bem jurídico *segurança pública*, a partir da tipificação de condutas envolvendo armas de fogo, suas munições e seus acessórios pela Lei nº 10.826/2003, pretende, em última análise, resguardar direito e interesse coletivo. Segundo as sempre lúcidas lições de Damásio de Jesus[9]:

> Realmente, esse interesse jurídico, qual seja, a segurança pública, de natureza coletiva, não é fictício, não constitui simples referência abstrata criada pelo legislador. É um bem palpável, pois encontra-se relacionado a todos os membros da coletividade. [...] De modo que, quando lesionados, interferem na vida real de todos os membros da sociedade ou de parte dela, antes de haver dano individual. Com efeito. Suponha-se a hipótese do disparo de arma de

---

crime: a comprehensive assessment using panel data and a state-level synthetic control analysis. *NBER Working Paper*, n. 23510, p. 1-126, 2018).
Em fevereiro de 2020, Robert Muggah e Ana Paula Pellegrino publicaram um estudo que conclui haver relação entre a facilitação do acesso às armas de fogo com o aumento da violência. Nesse sentido, os autores afirmaram que "há evidências de que para cada aumento de 1% nas armas de fogo no Brasil há um aumento de 2% nos homicídios. Além disso, acredita-se que um programa significativo de desarmamento realizado nos anos 2000 tenha salvado mais de 135.000 vidas" (MUGGAH, Robert; PELLEGRINO, Ana Paula. *Prevenção da violência juvenil no Brasil*: uma análise do que funciona. UNFPA Brasil, 2020. Disponível em: https://bit.ly/3BdqAkV. Acesso em: 4 dez. 2024).

[7] De forma semelhante são os ensinamentos de Guilherme de Souza Nucci, para quem: "Em suma, o Estatuto do Desarmamento não trará a paz permanente à sociedade, mas poderá contribuir para melhorar a segurança pública, retirando de circulação, cada vez mais, armas de fogo sem qualquer registro ou controle, bem como permitindo à polícia que, prendendo o infrator que porta arma ilegal, evite a prática de delitos mais graves, como roubos, homicídios, estupros, extorsões etc. O potencial assaltante pode ser preso pelo simples porte ilegal de arma de fogo, antes de cometer o mal maior. Torna-se mais fácil e eficiente, portanto, a atuação policial" (NUCCI, Guilherme de Souza. Armas. *Leis penais e processuais penais*. 13. ed. Rio de Janeiro: Forense, 2020. v. 2. Item 1-K).

[8] Nesse sentido, o conceito de arma é "instrumento, mecanismo, aparelho ou substância especialmente preparados, ou adaptados, para proporcionar vantagem no ataque e na defesa em uma luta, batalha ou guerra". Especificamente acerca de arma de fogo, trata-se de "toda arma que lança projétil pelo efeito da deflagração de uma carga explosiva" (HOUAISS, Antônio et al. *Dicionário Houaiss da língua portuguesa*. Rio de Janeiro: Objetiva, 2009. p. 183). Para nós, arma de fogo é todo instrumento que se vale da combustão da pólvora ou matéria similar para provocar, por meio da rápida e violenta expansão de gases, arremesso de projéteis com finalidade de agressão, defesa ou competição, desde que possua poder vulnerante.

[9] JESUS, Damásio E. de. *Direito Penal do desarmamento*: anotações à parte criminal da Lei nº 10.826, de 22 de dezembro de 2003 (Estatuto do Desarmamento). 6. ed. São Paulo: Saraiva, 2007. p. 8.

fogo em via pública, por onde passam transeuntes. O agente põe em risco qualquer pessoa que tenha necessidade de transitar pelo local. Na verdade, causa perigo a um número indeterminado de pessoas, indistintamente, visto que qualquer delas que representa o corpo social pode passar pela via pública.

Por fim, é importante pontuar que a atividade legislativa brasileira no sentido de tutelar penalmente os crimes relacionados às armas de fogo obedece às recomendações da Organização das Nações Unidas, especialmente aquelas contidas na Resolução nº 9, de 7 de maio de 1995, adotada no 9º Congresso das Nações Unidas sobre a Prevenção ao Crime e o Tratamento de Infratores[10].

Conclui-se, por conseguinte, ser amplamente justificado, sob o âmbito legitimador-limitador do direito penal, as tipificações de condutas relacionadas ao manejo de armas de fogo em desacordo com a legislação aplicável, buscando-se, ao fim, assegurar a concretização do direito fundamental à segurança pública.

---

[10] MINISTÉRIO DA JUSTIÇA. *Normas e princípios das Nações Unidas sobre prevenção ao crime e justiça criminal.* Brasília/DF, 2009. Disponível em: https://bit.ly/3D0Q7yj. Acesso em: 25 out. 2021.

GENERALIDADES DOS CRIMES PREVISTOS NA LEI Nº 10.826/2003

Para maior facilidade de compreensão e estudo das tipificações penais que se encontram no bojo da Lei nº 10.826/2003, toma-se a liberdade de, desde já, proceder-se a mais alguns apontamentos acerca de características em comum aos crimes em espécie.

3.1. CRIMES DE PERIGO: ACERCA DA CONCRETUDE (PERIGO CONCRETO) OU ABSTRAÇÃO DO PERIGO (PERIGO ABSTRATO)

No que tange à potencialidade lesiva ao bem jurídico tutelado, pode-se classificar os crimes, em geral, como de dano ou de perigo. Os crimes de dano "são os que se consumam com a efetiva lesão ao bem jurídico tutelado"[1]. Já os crimes de perigo são aqueles "que se consumam com a mera exposição do bem jurídico penalmente tutelado a uma situação de perigo, ou seja, basta a probabilidade do dano"[2].

Os crimes de perigo, por sua vez, podem ser divididos entre crimes de perigo concreto e abstrato. Para a consumação do primeiro, exige-se efetiva verificação, na hipótese concreta, de colocação do bem jurídico tutelado em perigo, enquanto, no segundo, o perigo é presumido pelo próprio legislador (presunção *juris et de jure*), prescindindo da efetiva comprovação da situação de perigo.

Assim, tem-se que os crimes de perigo, quando comparados aos crimes de dano, constituem verdadeiras antecipações às lesões aos bens jurídicos tutelados. Por outro lado, os crimes de perigo abstrato dispensam, mais ainda, a efetiva lesão aos bens jurídicos quando comparados com os crimes de perigo

---

[1] NUCCI, Guilherme de Souza. *Curso de Direito Penal*: parte geral. 7. ed. Rio de Janeiro: Forense, 2023. v. 1. p. 293.
[2] MASSON, Cleber. *Direito Penal*: parte geral. 17. ed. Rio de Janeiro: Método, 2023. v. 1. p. 182.

concreto, pressupondo-se ameaça ao bem jurídico a qual, casuisticamente, poderá sequer inexistir[3].

Sob uma perspectiva de que o direito penal é instrumento jurídico subsidiário (*ultima ratio*), parcela relevante da doutrina passou a defender a impossibilidade de criminalização por crimes de perigo abstrato[4], havendo necessidade de comprovação da concretude do perigo para colocação em risco do bem jurídico[5].

---

[3] SANTOS, Juarez Cirino dos. *Direito Penal*: parte geral. 6. ed. Curitiba: ICPC, 2014. p. 110.

[4] "Como consequência do anterior, reafirma que não se pode admitir como delito uma conduta que não altere algo da realidade do mundo, com o qual conclui por descartar como inconstitucionais todas as racionalizações que legitimam os chamados delitos de perigo abstrato. As presunções jurídicas que sustentam a legitimidade desses tipos penais, junto com a deformação do conceito de bem jurídico como objeto de proteção, não são mais do que dois diferentes caminhos para burlar o princípio de ofensividade" (TAVARES, Juarez. *Fundamentos de teoria do delito*. 3. ed. São Paulo: Tirant lo Blanch, 2021. p. 32). Veja-se também: SANTOS, Juarez Cirino dos. *Direito Penal*: parte geral. 6. ed. Curitiba: ICPC, 2014. p. 110-111. Ainda crítico das incriminações por perigo abstrato, mas com uma posição menos radical acerca da inconstitucionalidade de tais incriminações, Cezar Roberto Bitencourt defende que as tipificações de perigo abstrato devem ser formuladas a partir da demonstração da idoneidade do meio para lesão ao bem jurídico tutelado. Veja-se: "Significa, em outros termos, que nos delitos de perigo abstrato é necessário demonstrar, pelo menos, a idoneidade da conduta realizada pelo agente para produzir um potencial resultado de dano ao bem jurídico, visto desde uma perspectiva genérica" (BITENCOURT, Cezar Roberto. *Tratado de Direito Penal*: parte geral. 26. ed. São Paulo: Saraiva, 2020. v. 1. p. 299).

[5] É nesse sentido que Celso de Mello, debruçando-se especificamente na discussão existente acerca da qualidade do perigo (abstrato *versus* concreto) nos delitos que tocam ao Estatuto do Desarmamento, apoiado em forte doutrina, asseverou que: "Não desconheço que o Supremo Tribunal Federal reputa constitucionalmente legítima a norma de Direito Penal que define os crimes de perigo meramente abstrato. [...] Essa é a razão pela qual se poderia não invocar como fundamento para a concessão da ordem de *habeas corpus* a inconstitucionalidade da regra penal que tipifica os delitos de perigo abstrato, pois – segundo penso –, sem que o agente crie ou faça instaurar, com o seu comportamento, situação de perigo real, descaracteriza-se, por completo, qualquer possibilidade, por remota que seja, de risco concreto ao bem jurídico penalmente tutelado. [...] Cabe ter presente, neste ponto, que o sistema jurídico há de considerar a relevantíssima circunstância de a privação da liberdade e a restrição de direitos do indivíduo somente se justificarem quando estritamente necessárias à própria proteção das pessoas, da sociedade e de outros bens jurídicos que lhes sejam essenciais, notadamente naqueles casos nos quais os valores penalmente tutelados exponham-se a dano, efetivo ou potencial, impregnado de significativa e concreta lesividade. É que o Direito Penal não se deve ocupar de condutas que produzam resultado cujo desvalor – por não importar em lesão significativa a bens jurídicos relevantes – não represente, por isso mesmo, prejuízo importante, seja ao titular do bem jurídico tutelado, seja à integridade da própria ordem social. Esse fundamento por mim exposto, como precedentemente acentuado, bastar-me--ia para conceder a ordem de *habeas corpus*, pois entendo que as razões apresentadas pela parte agravada como suporte deste *writ* permitem reconhecer que a conduta motivadora da condenação penal do ora recorrido no que concerne ao delito tipificado no art. 12 da Lei

Discorda-se firmemente de tal posicionamento, porquanto os crimes de perigo abstrato mostram-se fundamentais para o controle de certas condutas socialmente inadequadas, e as eventuais inconsistências teóricas apontadas pelos detratores da ideia simplesmente cedem lugar a novas concepções jurídicas a elas concernentes, como se dá com a necessidade de proteção de bens jurídicos difusos, tais como a *segurança pública* e o *meio ambiente*.

Assim, tem-se como evidente a relevância de tipificar condutas envolvendo as armas de fogo como delitos de perigo abstrato, pois várias delas, se assim não fossem penalmente concebidas, mas sim tratadas como crimes de dano, receberiam o tratamento de meros atos preparatórios no itinerário delitivo (*iter criminis*). Impuníveis, portanto.

Consequentemente, a previsão de várias das figuras típicas como de perigo abstrato, dentro da lógica legislativa de reduzir (ou tentar reduzir) a criminalidade armada no Brasil, impõe-se como necessidade.

Dito de outra forma, a mera incursão do agente delitivo nos tipos penais previstos na Lei nº 10.826/2003 enseja inestimável ameaça à segurança pública, dispensando a verificação casuística de concreto perigo.

Nesse compasso, compreendemos como juridicamente adequada a classificação dos crimes atrelados ao uso ilegal de arma de fogo, de acessórios e de munições como de perigo abstrato, porquanto se presume que a mera prática criminosa já coloca em risco o bem jurídico imediatamente tutelado (*segurança pública*), sem considerar, ademais, o perigo potencialmente oferecido à vida, à integridade física, ao patrimônio e à liberdade individual daqueles que são expostos a tais ilícitos.

Idêntico posicionamento é reiteradamente adotado pelo STF, ao se debruçar sobre a classificação dos delitos dispostos no Estatuto do Desarmamento:

> [...] Nessa espécie de delito [crime de perigo abstrato], o legislador penal não toma como pressuposto da criminalização a lesão ou o perigo de lesão concreta a determinado bem jurídico. Baseado em dados empíricos, o legislador seleciona grupos ou classes de ações que geralmente levam consigo o indesejado perigo ao bem jurídico. A criação de crimes de perigo abstrato não representa, por si só, comportamento inconstitucional por parte do legislador penal. A tipificação de condutas que geram perigo em abstrato, muitas vezes, acaba sendo a melhor alternativa ou a medida mais eficaz para a proteção de bens jurídico-penais supraindividuais ou de caráter coletivo [...]. Portanto, pode o legislador, dentro de suas amplas margens de avaliação e de decisão, definir quais as medidas mais adequadas e necessárias para a efetiva proteção de determinado bem jurídico, o que lhe permite escolher

nº 10.826/2003 apresenta-se desvestida de tipicidade penal" (STF, AgRg no HC 185.974/SC, rel. Min. Celso de Mello, 2ª Turma, j. virtual entre 25.09.2020 e 02.10.2020).

espécies de tipificação próprias de um direito penal preventivo. (STF, HC 104.410/RS, rel. Min. Gilmar Mendes, 2ª Turma).

No mesmo sentido, posicionam-se, majoritariamente, a doutrina[6] e a jurisprudência[7] dos demais tribunais pátrios.

Saliente-se, de toda forma, haver quem defenda se tratar de crimes de perigo concreto. Era o caso de Luiz Flávio Gomes, que, em artigo jurídico próprio, destinado à análise da questão atinente às armas de fogo desmuniciadas[8], sustentou inexistir crime sem a comprovação concreta do perigo, pela falta de tipicidade material:

> Para nossa teoria constitucionalista do delito nada disso se sustenta, na atualidade. O crime é de mera conduta, mas essa classificação (do provecto Direito Penal) é puramente naturalista. Depois de Roxin (1970), sobretudo, o Direito Penal e, especialmente, a tipicidade, se desenvolve, necessariamente, em dois planos: formal e material. O crime (portar arma de fogo), no plano formal, é de mera conduta. No plano jurídico-material é um crime de perigo (perigo de lesão). Por força do princípio da ofensividade, sem a comprovação efetiva do perigo (concreto) não existe crime.

Em posicionamento respeitável, porém diametralmente oposto, alguns autores, como é o caso de Ricardo Silvares[9], compreendem ser os delitos tipificados no Estatuto do Desarmamento classificados como *de lesão*. Nesse sentido:

> Ora, se a segurança pública pode ser e é um bem jurídico apto a receber a especial tutela da norma penal e se efetivamente a recebeu no caso dos delitos previstos no Estatuto do Desarmamento, parece-nos uma consequên-

---

[6] "Quando se trata de perigo abstrato, o tipo penal descreve a conduta, e a potencialidade lesiva é presumida, vale dizer, independe de prova. Tratando-se de perigo concreto, o tipo penal descreve a conduta e também sugere a potencialidade lesiva, que precisa ser provada. Os delitos previstos nesta Lei de Armas são de perigo abstrato. O Legislativo, ao editar tais normas, tem por objetivo desarmar a população, visto considerar perigoso ter e portar arma de fogo. Diante disso, basta possuir ou portar a arma, sem autorização legal, para se configurar a infração penal, independentemente da prova do perigo, pois abstrato" (NUCCI, Guilherme de Souza. Armas. *Leis penais e processuais penais*. 13. ed. Rio de Janeiro: Forense, 2020. v. 2. Item 1-L). De forma semelhante: MARCÃO, Renato. *Estatuto do Desarmamento*. 5. ed. São Paulo: Saraiva, 2021. Capítulos "Posse irregular de arma de fogo de uso permitido", "Porte ilegal de arma de fogo de uso permitido" e "Posse ou porte ilegal de arma de fogo de uso restrito ou proibido", item "Classificação".

[7] No mesmo sentido: STF, AgRg no RHC 146.081-MS, rel. Min. Rosa Weber, 1ª Turma; e também: STJ, AgRg no REsp 1.005.300/RS, rel. Min. Laurita Vaz, 5ª Turma, j. 03.09.2009; STJ, AgRg no REsp 1.872.425/SC, rel. Min. Ribeiro Dantas, 5ª Turma, j. 06.12.2020; e EREsp 1.853.920/SC, rel. Min. Joel Ilan Paciornik, 3ª Seção, j. 09.12.2020.

[8] GOMES, Luiz Flávio. Arma de fogo desmuniciada: perigo abstrato ou concreto? A polêmica continua. Disponível em: https://bit.ly/3OCjMjN. Acesso em: 20 abr. 2024.

[9] SILVARES, Ricardo. Desarmamento – Lei nº 10.826/2003. In: CUNHA, Rogério Sanches et al. *Leis penais especiais comentadas*. 7. ed. São Paulo: JusPodivm, 2024. p. 1553.

cia lógica a conclusão de que tais delitos, uma vez cometidos, atingem, é dizer, *lesionam* esse bem jurídico. Isso se dá porque, sempre que alguém, por exemplo, sai pelas ruas com uma arma de fogo, sem a devida autorização, há ali, de modo mediato, potencial de dano à vida ou ao patrimônio alheio, mas estes, vale lembrar, não constituem o bem jurídico imediatamente protegido na Lei sob análise. Em nosso entender, o bem jurídico tutelado de modo imediato, a segurança pública, não é simplesmente colocada em perigo, mas efetivamente atingida, eis que, em tais casos, resta sensivelmente diminuída pela conduta delitiva.

Vê-se, assim, que, se no âmbito jurisprudencial a questão parece ter sido pacificada, a doutrina segue enfrentando o tema referente à classificação – sob o critério do grau de ameaça e/ou lesão ao bem jurídico tutelado –, inexistindo, nessa seara, concordância entre os estudiosos.

3.2. DESNECESSIDADE DE REALIZAÇÃO DE PERÍCIA EM ARMAS DE FOGO, MUNIÇÕES E ACESSÓRIOS PARA A CONDENAÇÃO CRIMINAL

Há relevante debate quanto à necessidade ou não da realização de perícias em armas de fogo e munições, para fins de apurar, num processo judicial, a caracterização dos delitos trazidos pela Lei nº 10.826/2003. Como já mencionado, doutrina e jurisprudência se orientam no sentido de classificar a vasta maioria dos delitos do Estatuto do Desarmamento como de *perigo abstrato*, de modo a presumir, de forma absoluta, a potencialidade lesiva das condutas.

Tal afirmação encaminha para uma posição firme de desnecessidade de realização de perícia nas armas de fogo e, também, nas munições e nos acessórios, de modo a comprovar a sua lesividade ao bem jurídico[10], ressalvando-se, como regra, as ações judiciais deflagradas para apurar a conduta de disparo de arma de fogo (art. 15 da Lei nº 10.826/2003), tema que será mais bem aprofundado no item 8.6.5.

---

[10] Na jurisprudência, sobre a desnecessidade de realização de perícia: STJ, AgRg no REsp 1.872.425/SC, rel. Min. Ribeiro Dantas, 5ª Turma, j. 06.12.2020; e STJ, AgInt 1.788.547/RN, rel. Min. Reynaldo Soares da Fonseca, 5ª Turma, j. 02.04.2019. Na doutrina, vê-se entendimento de Guilherme de Souza Nucci no sentido de que "Perícia na munição: não há necessidade, a menos que a defesa aponte o caso como crime impossível, ou seja, que as munições são incapazes integralmente para produzir disparo"; e "Laudo pericial da arma: como regra, é desnecessário. Sem dúvida, exige-se a apreensão da arma, mas não se cuida de perícia imprescindível a checagem de sua potencialidade lesiva, o que se presume. Afinal, o controle estatal de armas de fogo é patente, pouco importando o grau de eficiência do instrumento. Entretanto, se constituir tese da defesa, como, por exemplo, a imprestabilidade da arma, configurando crime impossível, deve-se realizar o laudo, sob pena de cerceamento" (NUCCI, Guilherme de Souza. Armas. *Leis penais e processuais penais*. 13. ed. Rio de Janeiro: Forense, 2020. v. 2. Itens 9-B e 39-N).

Ocorre que, não raras as vezes, depara-se com entendimentos no sentido contrário, isto é, de que armas de fogo inaptas para efetuar disparos ensejariam atipicidade de conduta[11], ou ainda de ser viável a aplicação do princípio da insignificância em relação à diminuta quantidade de munições[12].

Desse modo, parece haver certa incoerência em, de um lado, tratar os crimes do Estatuto do Desarmamento como de *perigo abstrato* e, de outro lado, aplicar entendimentos que ensejam a atipicidade de conduta em razão da ausência de lesividade ao bem jurídico tutelado.

Ora, se, de fato, a presunção de perigo nos crimes de *perigo abstrato* é absoluta (*juris et de jure*), como explicar os entendimentos acima expostos sem transmudar a natureza de tal presunção para relativa (*juris tantum*)? O caminho mais conveniente, embora juridicamente, ao nosso ver, incorreto, seria filiar-se às correntes doutrinárias que tentam defender ser de perigo concreto ou de dano os delitos previstos na Lei nº 10.826/2003, ou mesmo tentam criar manobras jurídicas interpretativas para justificar a referida incoerência.

Parece-nos mais acertado, todavia, rechaçar orientações criadas aparentemente para impedir a punição daqueles que descumprem a lei, assumindo que os crimes dispostos na Lei nº 10.826/2003 são de perigo abstrato e, como consectário lógico, dispensam a realização de perícia (com exceção do delito de disparo de arma de fogo e porte de munição sem arma, por óbvio e neste último caso, quando houver alegação de se tratar de crime impossível, como se dá, por exemplo, com um cartucho de munição sem pólvora).

---

[11] Vide item 5.6.5. Na jurisprudência, sobre a atipicidade de conduta de armas inaptas para efetuar disparos: STJ, REsp 1.726.686/MS, rel. Min. Jorge Mussi, 5ª Turma, j. 22.05.2018; e STJ, AgRg no Ag 1.259.445/GO, rel. Min. Maria Thereza de Assis Moura, 6ª Turma, j. 17.05.2012. Na doutrina, esse é o entendimento de Renato Marcão (*Estatuto do Desarmamento*. 5. ed. São Paulo: Saraiva, 2021. Capítulo "Posse irregular de arma de fogo de uso permitido", item "Prova pericial: eficácia da arma de fogo, do acessório e da munição"), para quem a prova pericial demonstrando a eficácia da arma de fogo, do acessório e da munição é de rigor para a condenação.

[12] Vide item 5.6.3. Na jurisprudência, a favor da aplicação do princípio da insignificância: STF, AgRg no HC 185.974/SC. rel. Min. Celso de Mello, 2ª Turma, j. virtual entre 25.09.2020 e 02.10.2020; STF, HC 133.984/MG, rel. Min. Cármen Lúcia, 2ª Turma, j. 17.05.2016; STJ, AgRg no REsp 1.828.540/SP, rel. Min. Jorge Mussi, 5ª Turma, j. 22.10.2019; STF, RHC 143.449/MS, rel. Min. Ricardo Lewandowski, j. 2ª Turma, 26.09.2017; e STF, HC 154.390, rel. Min. Dias Toffoli, 2ª Turma, j. 17.04.2018. Contrariamente à aplicação do referido princípio: STJ, HC 683.199/SP, rel. Min. Olindo Menezes, 6ª Turma, j. 11.10.2021; STJ, AgRg no HC 554.858/SC, rel. Min. Ribeiro Dantas, 5ª Turma, j. 12.05.2020; STJ, AgRg no REsp 1.950.252/MS, rel. Min. Ribeiro Dantas, 5ª Turma, j. 20.09.2021; e STF, AgRg no RHC 192.847, rel. Min. Gilmar Mendes, 2ª Turma, j. 15.12.2020.

Na doutrina, a favor da aplicação do princípio da insignificância: NUCCI, Guilherme de Souza. Armas. *Leis penais e processuais penais*. 13. ed. Rio de Janeiro: Forense, 2020. v. 2. Item 54-A; e MARCÃO, Renato. *Estatuto do Desarmamento*. 5. ed. São Paulo: Saraiva, 2021. Capítulo "Posse irregular de arma de fogo de uso permitido", item "Posse de munição. Princípio da insignificância".

Aliás, não é incomum, nos dias atuais, deparar-se com a criação, pelos aplicadores do Direito Penal, de requisitos e interpretações jurídicas *contra legem*, os quais, no mais das vezes, muito dificultam ou quase impossibilitam a aplicação da lei, contribuindo para a impunidade penal.

É certo possuir a legislação lacunas, bem como não poder o aplicador do direito se esquivar da apreciação de um caso em razão da existência de omissão legislativa (cf. art. 4º do Decreto-Lei nº 4.657/1942). Tal constatação, todavia, não justifica que se criem obstáculos quase intransponíveis, sem qualquer respaldo jurídico, para fazer incidir a legislação penal.

O legislador, goste-se ou não, optou, dentro da discricionariedade própria da função que lhe foi conferida no Estado Democrático de Direito brasileiro, por criminalizar as condutas de possuir e portar armas de fogo, de forma a tentar reduzir a criminalidade armada a partir da tipificação do que seriam meros atos preparatórios dos crimes de dano (homicídios, roubos etc.). Absolutamente irrelevante para fins de caracterizar os crimes em estudo, portanto, que um indivíduo seja encontrado com cinco ou cem munições em desacordo com a lei, ou ainda que a arma de fogo apreendida seja inapta ao disparo.

Afinal, armas de fogo inaptas ao disparo também são perigosas e nocivas à paz social e à segurança pública, já que são amplamente utilizadas para ameaçar gravemente as vítimas, as quais não são obrigadas, diga-se de passagem, a arriscar a própria vida para tentar adivinhar se aquele instrumento é ou não capaz de ferir ou matar com o disparo de projéteis.

Da vítima, ante o "dilema: a bolsa ou a vida" (expressão de Nelson Hungria), não se pode exigir o risco de imaginar ser inoperante ou desmuniciada uma pistola ou um revólver, por exemplo.

A incoerência revela-se ainda mais patente quando se verifica que boa parte dos tribunais brasileiros e parcela significativa dos doutrinadores penais defendem ser criminosa, por exemplo, a conduta de portar arma de fogo desmuniciada e desacompanhada de munição, mas, por outro lado, constituir como atípico o fato de portar arma de fogo inapta ao disparo, mesmo que se justifique o posicionamento pela (e abstrata) possibilidade de municiamento da arma posteriormente ou do "casamento" da munição apreendida com uma hipotética arma (não localizada pela polícia, no caso concreto).

Ou ainda quando se constata que a jurisprudência majoritária, encabeçada pelo STJ, posiciona-se no sentido de ser dispensável a submissão da arma de fogo à perícia técnica, todavia, caso seja produzida a prova pericial e verificada a inaptidão do armamento para realização de disparos, então a conduta é atípica[13].

---

[13] Nesse sentido: "Agravo regimental no recurso especial. Porte ilegal de arma. Crime de perigo abstrato. Perícia atestando a ineficácia da arma. Atipicidade. Precedentes. I. Esta Corte possui entendimento pacífico no sentido de que o tipo penal de posse ou porte ilegal de arma de

Isso porque a convalidação de tais orientações desnatura por completo a natureza dos crimes previstos no Estatuto do Desarmamento (os quais, conforme já se defendeu amplamente, são de perigo abstrato), como se fosse possível, a depender da situação concreta – e, portanto, sem comprometimento com o Direito Penal enquanto ciência –, alterar a classificação das infrações penais.

Logo, entendemos que a perícia nas armas de fogo, munições e acessórios apreendidos – via de regra – é desnecessária nos processos judiciais instaurados para apurar o cometimento dos crimes tipificados na Lei nº 10.826/2003, por se tratar de delitos de perigo abstrato, os quais, pela definição jurídica, dispensam a demonstração concreta de dano ou perigo ao bem jurídico tutelado para serem configurados.

Nada obstante, fica o registro expresso para o profissional do direito e para os acadêmicos de que o posicionamento aqui adotado, conquanto congruente com a maioria da doutrina e jurisprudência no tocante à desnecessidade de apreensão das armas de fogo e munições para fins de condenação, é minoritário no que tange aos fundamentos de tal conclusão.

3.3. NORMAS PENAIS EM BRANCO

As tipificações contidas no Estatuto do Desarmamento (Lei nº 10.826/2003) necessitam de uma complementação por outros atos normativos, de caráter

---

fogo caracteriza-se como delito de mera conduta ou de perigo abstrato, sendo irrelevante a demonstração de seu efetivo caráter ofensivo. II. Provada, todavia, por perícia a inaptidão da arma para produzir disparos, não há que se falar em tipicidade da conduta. III. Agravo regimental a que se nega provimento" (AgInt no REsp 1.788.547/RN, rel. Min. Reynaldo Soares da Fonseca, 5ª Turma, j. 02.04.2019).

"Agravo regimental no *habeas corpus*. Art. 14 da Lei nº 10.826/2003. Porte ilegal de arma de fogo de uso permitido. Atipicidade da conduta. Impossibilidade. 1. 'A jurisprudência deste Superior Tribunal de Justiça aponta que os crimes previstos nos arts. 12, 14 e 16 da Lei nº 10.826/2003 são de perigo abstrato, não se exigindo comprovação da potencialidade lesiva do armamento, prescindindo, portanto, de exame pericial, porquanto o objeto jurídico tutelado não é a incolumidade física e sim a segurança pública e a paz social, colocadas em risco com o porte ou posse de munição, ainda que desacompanhada de arma de fogo. Por esses motivos, via de regra, é inaplicável o princípio da insignificância aos crimes de posse e de porte de arma de fogo ou munição' (AgRg no HC 729.926/PR, rel. Min. Ribeiro Dantas, 5ª Turma, j. 17.05.2022, *DJe* 20.05.2022). 2. Por outro lado, não se olvida o entendimento segundo o qual, 'provada, todavia, por perícia a inaptidão da arma para produzir disparos, não há que se falar em tipicidade da conduta' (AgInt no REsp 1.788.547/RN, rel. Min. Reynaldo Soares da Fonseca, 5ª Turma, j. 02.04.2019, *DJe* 16.04.2019). Precedentes. 3. Contudo, a apreensão de uma arma de fogo, ainda que inapta para produzir disparos, acompanhada de 2 munições do mesmo calibre, não autoriza o reconhecimento da atipicidade da conduta. 4. Agravo regimental desprovido" (AgRg no HC 626.888/MS, rel. Min. Antonio Saldanha Palheiro, 6ª Turma, j. 02.08.2022).

público, para que tenham sua tipicidade aperfeiçoada por completo e, consequentemente, sejam aplicáveis ao caso concreto. Daí por que se qualificam como *normas penais em branco*[14].

Preferiu o legislador não exaurir toda a temática atinente à criminalização das condutas penais tipificadas no bojo da própria lei, e há razão de assim ser. A temática das armas é complexa – como se verá adiante – e envolve temas de elevado nível técnico, exigindo, por consequência, tratamento específico, mais adequado de ser conferido por órgãos familiarizados com os objetos de uso controlado.

Diversas são as normativas que regulamentam e complementam as normas penais no tocante aos crimes previstos no Estatuto do Desarmamento, citando-se as seguintes, que ainda estão, integral ou parcialmente, vigentes: a) Decreto nº 9.847/2019; b) Decreto nº 10.030/2019; c) Decreto nº 10.627/2021; d) Decreto nº 10.630/2021; e) Decreto nº 11.173/2022; e f) Decreto nº 11.615/2023. No âmbito das normas infralegais, destaca-se a Portaria Conjunta do Comando do Exército e Diretoria-Geral da Polícia Federal (C EX/DG-PF) nº 2/2023 (a qual expressamente revogou a Portaria C EX nº 1.222/2019), além da Portaria do Comando Logístico do Exército (Colog) nº 118/2019.

Os conjuntos de normas acima mencionados complementam as normas penais do Estatuto do Desarmamento e exercem papel importante na delimitação e definição da própria tipicidade penal objetiva. Isso porque vários dos tipos penais previstos na lei em estudo possuem elementares normativas, cuja definição jurídica é encontrada nos atos infralegais retrocitados.

A título de ilustração, para caracterizar o crime previsto no art. 12 da Lei nº 10.826/2003 faz-se necessário saber se uma arma de fogo está sendo possuída ou mantida em *conformidade com determinação legal ou regulamentar* – o que torna imperioso, por conseguinte, consultar os atos normativos que disciplinam a matéria.

---

[14] Nesse sentido, as normas penais em branco podem ser definidas como "disposições que, apesar de possuírem uma sanção determinada, não possuem conteúdo (totalmente) determinado" (SANTOS, Christiano Jorge. *Direito Penal*: parte geral. Rio de Janeiro: Campus-Elsevier, 2007. p. 13). De forma semelhante, Juarez Cirino dos Santos: "As leis penais em branco são tipos legais com sanção penal determinada e preceito indeterminado, dependente de complementação por outro ato legislativo ou administrativo" (SANTOS, Juarez Cirino dos. *Direito Penal*: parte geral. 6. ed. Curitiba: ICPC, 2014. p. 50). Ainda, Frederico Horta discorre: "Lei penal em branco é aquela que estabelece um tipo de injusto punível em função da infração de um imperativo extrapenal, mandamental ou proibitivo, imposto por ato normativo diverso, sem remissão ao qual não se pode extrair da lei penal uma norma dotada de sentido" (HORTA, Frederico. *Elementos normativos das leis penais e conteúdo intelectual do dolo*: da natureza do erro sobre o dever extrapenal em branco. São Paulo: Marcial Pons, 2016. p. 114).

Necessário salientar que, por se tratar de assunto de forte interesse político, há constantes alterações nas normas complementares à lei penal, notadamente em período de transição entre governos. Deveras, o Decreto nº 11.366, publicado em 1º de janeiro de 2023, revogou diversos outros decretos anteriormente vigentes e instalou grupo de trabalho para apresentar nova regulamentação à Lei nº 10.826/2003, culminando na edição do Decreto nº 11.615, publicado em 21 de julho de 2023, que trouxe substanciais modificações sobre o tema no âmbito infralegal.

CONCEITUAÇÕES TÉCNICAS RELEVANTES PARA O TRATAMENTO DA MATÉRIA À LUZ DA LEI Nº 10.826/2003

4.1. CLASSIFICAÇÕES DAS ARMAS DE FOGO, MUNIÇÕES E ACESSÓRIOS: USO PERMITIDO, RESTRITO E PROIBIDO

Em outra oportunidade, em conjunto com Almir Santos Reis Jr.[1], analisaram-se pormenorizadamente as questões técnicas atinentes ao Estatuto do Desarmamento, tais como a distinção entre *armas de fogo*, *munições* e *acessórios*, bem como a significação dos termos *uso permitido*, *uso restrito* e *uso proibido*, em artigo intitulado "Posse ou porte ilegal de arma de fogo de uso restrito – art. 16 da Lei nº 10.826/2003", ora parcialmente aproveitadas.

De igual forma, mostra-se de extrema relevância o tratamento de tecnicidades para os fins desta obra, como forma de perquirir e preencher os elementos normativos constantes nos tipos penais previstos no Estatuto do Desarmamento, elucidando, pois, a caracterização dos crimes ora tratados.

Armas são instrumentos aptos a ofender a integridade física de alguém. Armas podem ser *próprias* – produzidas com a finalidade de ofender a integridade física – ou *impróprias* – embora não produzidas com aquela finalidade, são aptas a ferir ou matar. As armas também podem ser classificadas como *de fogo* ou *brancas*.

Armas de fogo são armas próprias, cujo funcionamento ocorre mediante o arremesso de projéteis "empregando a força expansiva dos gases, gerados pela combustão de um propelente confinado em uma câmara, normalmente solidária a um cano, que tem a função de dar continuidade à combustão do propelente, além de direção e estabilidade ao projétil"[2].

---

[1] REIS JR., Almir Santos; SANTOS, Christiano Jorge. Posse ou porte ilegal de arma de fogo de uso restrito – art. 16 da Lei nº 10.826/2003. In: HAMMERSCHMIDT, Denise (coord.). *Crimes hediondos e assemelhados = Heinous crimes*. Curitiba: Juruá, 2020. p. 285-320.

[2] Conceito obtido no Glossário contido no Anexo III do Decreto nº 10.030/2019.

Armas brancas[3] são armas *próprias* (*e.g.*, baioneta, lança, espada, *nunchaku* etc.) ou *impróprias* (*e.g.*, faca de cozinha, martelo, taco de bilhar, pedaço de pedra etc.), cujo conceito, anteriormente previsto no art. 3º do revogado Decreto nº 3.665/2000, correspondia a "artefato cortante ou perfurante, normalmente constituído por peça em lâmina ou oblonga". A definição das armas brancas pode ser extraída por exclusão: são os instrumentos que, embora aptos a ferir ou matar, não funcionam com a mesma sistemática das armas de fogo.

A Lei nº 10.826/2003 cuida da disciplina legal, administrativa e penal, das *armas de fogo*, por se tratar de Produtos Controlados pelo Comando do Exército (PCEs), nos termos do art. 2º, Anexo I, do Decreto nº 10.030/2019, cuja vigência subsiste, mesmo com a entrada em vigor do Decreto nº 11.615/2023 (que o revogou parcialmente). À evidência, as *armas brancas* não recebem o mesmo grau e nível de regulamentação, por não se vislumbrar, de plano, o seu risco à segurança pública.

Mas, afinal, a conduta de portar *arma branca* é infração penal? Formalmente, sim, por encontrar correspondência no Decreto-Lei nº 3.688/1941, mais especificamente nos seus arts. 18 e 19, ainda vigentes. Todavia, segundo o que se entende como mais correto, somente no que tange às armas brancas e próprias, embora não se olvide que a intenção daquele que porte a arma branca imprópria também pode dar ensejo à tipificação. A discussão, todavia, não é pacífica, haja vista parte da doutrina, encabeçada por Guilherme de Souza Nucci, entender ser inaplicáveis os arts. 18 e 19 do mencionado Decreto-Lei[4].

---

[3] O termo "arma branca" nenhuma vinculação possui com a cor do instrumento, ou seja, uma arma branca pode ser da cor preta, marrom, prateada, verde, azul etc.

[4] "Não vemos possibilidade de aplicação para o art. 18, pois não há lei disciplinando a concessão de autorização da autoridade para a fabricação, importação, exportação, depósito ou venda de uma faca de cozinha, por exemplo. Por outro lado, se o passatempo de alguém consistir em fabricar espadas ou lanças, conseguiria ele autorização da Polícia Federal (ou Estadual) para tanto? Se não há esse tipo de previsão, inviável é o tipo penal. Argumenta-se que há previsão constitucional para que a União conceda autorização e fiscalize a produção e o comércio de material bélico (art. 21, VI, da CF). Entretanto, material bélico é o armamento destinado à guerra. Não estamos na época medieval, quando se lutava com espadas, lanças e flechas, motivo pelo qual não se pode denominar esse tipo de arma como material bélico. Na atualidade, nem os índios, ainda existentes, valem-se de tão antiquados instrumentos (talvez, em reservas e para a caça), pois têm acesso à vida moderna como qualquer outro indivíduo. Aliás, não se tem notícia de guerras entre tribos indígenas, que fosse regulada pelo Código Penal ou pela Lei das Contravenções Penais, motivo pelo qual o art. 18 é, de fato, inaplicável. Entretanto, se, porventura, lei houver (dentro da infinidade de normas que o sistema legislativo brasileiro insiste em consagrar) – ou for editada – disciplinando o uso de alguma arma branca (ex.: proíbe-se a fabricação, sem autorização legal, de bestas – armas antigas, com a forma de arco e corda, mas com cabo para empunhadura – por algum motivo), tornar-se-ia aplicável o art. 18 da Lei das Contravenções Penais. Melhor seria, como já expusemos, simplesmente revogar, por inteiro, o Decreto-Lei nº 3.688/1941, cuja utilidade, no cenário penal, é pífia. Promoveremos, entretanto, os comentários ao tipo

Merece nota, ainda sobre o art. 19 da LCP, ter a questão sido recentemente pacificada em âmbito jurisprudencial. Isso porque, em 4 de outubro de 2024, o STF julgou o ARE 901.623, representativo da controvérsia e afetado pelo regime da repercussão geral, fixando a tese jurídica de que "o art. 19 da Lei de Contravenções penais permanece válido e é aplicável ao porte de arma branca, cuja potencialidade lesiva deve ser aferida com base nas circunstâncias do caso concreto, tendo em conta, inclusive, o elemento subjetivo do agente" (Tema 857).

A par da interessante e candente discussão, retoma-se o foco desta obra: as *armas de fogo*. O Estatuto do Desarmamento distingue as aludidas armas quanto ao grau de restrição, tratando-as como de *uso permitido*, *restrito* e *proibido*, e conferindo tratamento penal distinto às condutas envolvendo cada uma das categorias.

Em princípio, não se pode deixar de consignar que a terminologia utilizada para designar as categorias nas quais as armas de fogo são subdivididas é, em parte, inadequada. Se as armas de fogo e munições de uso proibido podem ser adquiridas, em determinadas circunstâncias, por pessoas autorizadas pela lei, integrantes, no mais das vezes, das Forças Armadas e das polícias, então não são, propriamente, a eles, proibidas, mas de acesso restrito. Os graus de restrição, então, seriam aplicáveis somente a determinadas pessoas físicas não integrantes das Forças Armadas nem dos sistemas de segurança e justiça (*grosso modo*).

Ainda que fossem os graus de restrição aplicáveis às pessoas acima mencionadas, haveria problemas na nomenclatura. É que mesmo as armas de fogo de uso *permitido* não são de fácil aquisição pela população em geral. Há, aliás, uma série de requisitos, legais e regulamentares, a serem preenchidos por aquele cidadão que busca adquirir uma arma de fogo (vide art. 4º da lei em estudo). Em suma, não são de uso permitido (para a grande maioria da população). Mantém-se, portanto, conclusão outrora adotada: "Melhor seria dizer algo com o sentido *de uso restrito*, *de uso restritíssimo* e *de uso quase proibido*"[5].

Conforme alhures exposto, por se tratar de uma norma penal em branco, a Lei nº 10.826/2003 (Estatuto do Desarmamento) não tratou das distinções técnicas dos graus de restrição aplicáveis às armas de fogo, deixando tais incumbências às normas regulamentadoras.

---

na hipótese de surgir aplicação para algum caso concreto" (NUCCI, Guilherme de Souza. Contravenções penais. *Leis penais e processuais penais*. 13. ed. Rio de Janeiro: Forense, 2020. v. 1. Item 35).

[5] REIS JR., Almir Santos; SANTOS, Christiano Jorge. Posse ou porte ilegal de arma de fogo de uso restrito – art. 16 da Lei nº 10.826/2003. In: HAMMERSCHMIDT, Denise (coord.). *Crimes hediondos e assemelhados = Heinous crimes*. Curitiba: Juruá, 2020. p. 292.

As normas regulamentadoras, todavia, além de terem sofrido diversas alterações ao longo do tempo, as quais dificultaram, ainda mais, a compreensão de tema tão técnico e complexo, não são claras o suficiente a permitir às pessoas leigas que compreendam adequadamente as distinções das armas de fogo pelo critério da restrição.

Atualmente, os arts. 11, 12 e 14 do Decreto nº 11.615/2023 trazem as definições jurídicas dos conceitos ora tratados, todavia repassam aos Comandos do Exército e da Polícia Federal a tarefa de editar um ato conjunto delimitador das armas de fogo e munições classificadas como de uso permitido e de uso restrito (o que veio a se concretizar com a Portaria Conjunta C EX/DG-PF nº 2/2023)[6].

No referido art. 11, são classificadas como de *uso permitido* "as armas de fogo e munições cujo uso seja autorizado a pessoas físicas e a pessoas jurídicas, especificadas em ato conjunto do Comando do Exército e da Polícia Federal, incluídas: I – armas de fogo de porte, de repetição ou semiautomáticas, cuja munição comum tenha, na saída do cano de prova, energia de até trezentas libras-pé ou quatrocentos e sete joules, e suas munições; II – armas de fogo portáteis, longas, de alma raiada, de repetição, cuja munição comum não atinja, na saída do cano de prova, energia cinética superior a mil e duzentas libras-pé ou mil seiscentos e vinte joules; e III – armas de fogo portáteis, longas, de alma lisa, de repetição, de calibre doze ou inferior".

Lastima-se que se tenha por parâmetro o critério da energia cinética na boca do cano da arma (assim considerados os denominados provetes), porque, além de difícil compreensão para os leigos, são medidas variáveis a depender do tipo de munição utilizada, do tempo e modo de conservação das munições e, ademais, para serem os calibres efetivamente aferidos, teoricamente, dependeriam de perícias específicas que nem todos os institutos de criminalística ou polícias técnicas similares estariam aptos a realizar. O ideal seria o enquadramento de armas (e também as munições) a partir de seus calibres nominais. Em verdade, foi o que o Comando do Exército Brasileiro e a Diretoria da Polícia Federal acabaram por fazer.

A título de exemplo, se não estivesse corretamente definido na mencionada Portaria Conjunta nº 2, os revólveres de calibre .38 Special, por exemplo, passariam a ser armas de uso restrito, diferentemente do que sempre foi regulamentado no Estatuto do Desarmamento, desde sua edição original, dada sua energia cinética na "boca do cano". Ou seja, a arma mais comum no país passaria a ser considerada de uso restrito e, portanto, seu porte não poderia ser concedido aos cidadãos comuns. Além disso, tal classificação geraria verdadeira

---

[6] Disponível em: https://bit.ly/4g083aO. Acesso em: 10 mar. 2024.

revolução (para pior) para a vigilância privada, dado que todas elas empregam como armas portáteis os revólveres de calibre .38.

Felizmente, a partir da vigência da Portaria Conjunta nº 2/2023, como se pode constatar em seu Anexo A, tanto os revólveres de calibre .38 Special, quanto o .38 Smith & Wesson são classificados como armas de uso permitido (assim como as pistolas de calibre .380 (380 Automatic).

O mesmo se diga das espingardas de calibre .12, igualmente tidas como de uso permitido.

Cabe lembrar que as armas longas, de alma lisa (sem raias no interior de seu cano), têm como calibres inferiores ao .12 as numerações mais altas, o que pode levar a conclusões errôneas para efeito da classificação. Ou seja, uma arma longa (nas condições acima mencionadas), de calibre .36, é (de calibre) inferior à (de calibre) .12 (ambas de uso permitido). A chamada espingarda de calibre .8, ao contrário, é de calibre superior[7]. Isso se dá por conta do método de definição técnica do calibre (Sistema Gauge), que considera o número de esferas possíveis de fazer a partir de uma bola de chumbo de 1 libra de massa. Por tal lógica, o calibre .1 é o maior, e assim sucessivamente[8]. Em suma, mais uma vez, perdeu-se a oportunidade de elaboração de norma de interesse geral com linguajar minimamente acessível aos leigos em armas e munições (aí incluídos magistrados, membros do MP, advogados e demais operadores do direito).

Por outro lado, de acordo com o art. 12 do mesmo decreto, são de *uso restrito* "as armas de fogo e munições especificadas em ato conjunto do Comando do Exército e da Polícia Federal, incluídas: I – armas de fogo automáticas, independentemente do tipo ou calibre; II – armas de pressão por gás comprimido ou por ação de mola, com calibre superior a seis milímetros, que disparem projéteis de qualquer natureza, exceto as que lancem esferas de plástico com tinta, como os lançadores de *paintball*; III – armas de fogo de porte, cuja munição comum tenha, na saída do cano de prova, energia superior a trezentas libras-pé ou quatrocentos e sete joules, e suas munições; IV – armas de fogo portáteis, longas, de alma raiada, cuja munição comum tenha, na saída do cano de prova, energia superior a mil e duzentas libras-pé ou mil seiscentos e vinte joules, e suas munições; V – armas de fogo portáteis, longas, de alma lisa: a) de calibre superior a doze; e b) semiautomáticas de qualquer calibre; e VI – armas de fogo não portáteis".

---

[7] Como se vê no Anexo F da Portaria Conjunta C EX/DG-PF nº 2/2023.
[8] Para melhor entendimento, sugere-se a leitura: TJAM. *Manual de armamento e manuseio seguro de armas de fogo*. Manaus/AM, 2012. p. 18. Disponível em: https://bit.ly/4gigMF7. Acesso em: 3 dez. 2024.

Atualmente (e a partir de 12 de fevereiro de 2024[9]), portanto, todas as pistolas de calibre 9 mm são de uso restrito (ao que se pode concluir da restrita exemplificação da referida Portaria Conjunta nº 2, a qual somente menciona o calibre nominal 9 mm como o "9×19 mm Parabellum" – no Anexo D), bem como, por óbvio, as demais semiautomáticas de calibres superiores (tais como as 10 mm, 40 mm e 45 mm).

Finalmente, no art. 14 do Decreto nº 11.615/2023 são referidas como de *uso proibido*: "I – as armas de fogo classificadas como de uso proibido em acordos ou tratados internacionais dos quais a República Federativa do Brasil seja signatária; II – os brinquedos, as réplicas e os simulacros de armas de fogo que com estas possam se confundir, exceto as classificadas como armas de pressão e as réplicas e os simulacros destinados à instrução, ao adestramento ou à coleção de usuário autorizado, nas condições estabelecidas pela Polícia Federal; III – as armas de fogo dissimuladas, com aparência de objetos inofensivos; e IV – as munições: a) classificadas como de uso proibido em acordos ou tratados internacionais dos quais a República Federativa do Brasil seja signatária; ou b) incendiárias ou químicas".

O Anexo III do Decreto nº 10.030/2019 (Glossário) e o art. 2º do Decreto nº 11.615/2023 auxiliam na compreensão de alguns termos técnicos referidos nos arts. 11, 12 e 14. Por exemplo, são de *uso restrito* as armas de fogo automáticas, de qualquer tipo ou calibre, as quais, por sua vez, consistem naquelas "cujo carregamento, disparo e demais operações de funcionamento ocorrem continuamente, enquanto o gatilho estiver acionado", conforme conceito extraído do art. 2º, X, do Decreto nº 11.615/2023. Em outras palavras, são as armas que permitem os tiros em rajada.

Em relação às armas de fogo cuja classificação demanda a verificação do calibre nominal, mas também levando em conta a energia cinética (joules ou libras-pé) atingida na saída do cano de prova, pode o operador do direito se valer, para fatos apurados a partir de 12 de fevereiro de 2024, das tabelas constantes nos Anexos da Portaria Conjunta nº 2/2023. E, numa leitura conjunta e sistemática entre ela e o Decreto nº 11.615/2023, pode-se classificar algumas armas de fogo como de uso permitido ou restrito, pois ali foram estabelecidos os calibres e os correspondentes joules de energia cinética de grande parte dos calibres de armas comercializados no país. Conquanto não seja uma relação exaustiva, é um parâmetro muito importante a ser seguido.

Considerando que as normas complementares ao Estatuto do Desarmamento podem ser tidas como mais prejudiciais aos acusados dos crimes previstos na

---

[9] Considerando o disposto nos arts. 11 e 12 da Portaria Conjunta nº 2, publicada em 14.11.2023, c.c. o art. 79, § 2º, do Decreto nº 11.615, de 21.07.2023, o prazo de 90 dias estabelecido no Decreto começou a ser contado da publicação da Portaria Conjunta.

lei, deve o intérprete ainda se valer da Portaria C EX nº 1.222/2019 (hoje expressamente revogada), para os fatos anteriores à vigência do novo decreto, em razão da retroatividade da norma mais benéfica. Ou seja, pode-se valer da exemplificação contida na Portaria de 2019 se os fatos típicos ocorreram até o dia 11 de fevereiro de 2024.

De toda forma, convém registrar que tanto a Portaria Conjunta nº 2, quanto a atualmente revogada Portaria nº 1.222/2019, do Comando do Exército, apresentam relações meramente exemplificativas e, por essa razão, é possível se deparar, na prática, com a necessidade de classificar uma arma de fogo não elencada nas tabelas dos seus Anexos. Nesses casos, será necessária, invariavelmente, a realização de perícia com o escopo de especificar a energia cinética após disparo com munição comum (medida na saída do cano de prova) ou, na impossibilidade, a verificação a partir de dados técnicos fornecidos pelo fabricante da arma, para saber se a arma é de uso permitido ou restrito.

Para além das dificuldades já mencionadas, há de se observar a inexistência de parâmetro quantitativo de calibre e/ou energia cinética para classificar uma arma de fogo como *de uso proibido*. Posto isso, remanesce a tarefa de examinar, afinal, quais são as *armas de fogo de uso proibido*.

O art. 14, III, do Decreto nº 11.615/2023 refere como *de uso proibido* as armas "dissimuladas, com aparência de objetos inofensivos". São as armas, normalmente, compatíveis com munições de baixo calibre (*e.g.*, calibre .22) e que, na maioria das vezes, permitem a efetuação de um único disparo.

"Dissimuladas", porque são instrumentos travestidos de outros (por exemplo, uma arma de fogo com formato de caneta, bengala, relógio de bolso ou crucifixo[10]), dificultando ou até impossibilitando a sua identificação – o que as torna especialmente perigosas. Não possuem numeração de série e, por isso, permanecem alheias ao controle estatal, inclusive porque irreconhecíveis.

Já o inciso I do art. 14 do Decreto regulamentar retromencionado trata como *de uso proibido* as armas de fogo assim elencadas em tratados e acordos internacionais nos quais o Brasil é signatário. Para o interesse desta obra, destaca-se a Convenção da ONU sobre Proibições ou Restrições ao Emprego de Certas Armas Convencionais, que Podem Ser Consideradas como Excessivamente Lesivas ou Geradoras de Efeitos Indiscriminados (Decreto nº 2.739/1998), editada em outubro de 1980, com vigência internacional a partir de dezembro de 1983, e que suplementa as Convenções de Genebra de 1949, por si e pelos protocolos posteriormente editados[11]. A Convenção,

---

[10] Como se pode verificar, a título de exemplo, em: https://bit.ly/3B10KRe. Acesso em: 24 jun. 2020.

[11] MINISTÉRIO DA DEFESA. *Tratados e regimes com reflexos para a Defesa*. 2014. Disponível em: https://bit.ly/41qrJQC. Acesso em: 24 jun. 2020.

em si, apenas contém disposições gerais, porém os Protocolos anexos trazem proibições ou restrições ao uso específico de armamentos e sistemas de armas.

Conquanto seja o Brasil signatário de outros tratados e convenções internacionais cujas matérias tratadas atinem às armas de fogo, tais documentos não elencam como de *uso proibido* outras armas.

Dessarte, com base no Decreto nº 11.615/2023 e no tratado internacional acima referido, juntamente com seus protocolos, classificam-se, portanto, como armas de fogo de *uso proibido* no Brasil:

a) as dissimuladas (acima referidas);

b) aquelas cujo efeito primário seja ferir por meio de fragmentos que, no corpo humano, não são detectáveis por raios X (artigo único do Protocolo I); e

c) as armas incendiárias (nos exatos termos da definição e com as exclusões definidas no art. 1 do Protocolo III). Tal hipótese se verifica desde que a arma de fogo funcione nos moldes da definição contida no Glossário que compõe o Anexo III do Decreto nº 10.030, de 30 de setembro de 2019, e assim dispare munição incendiária. Contrariamente, portanto, um aparelho de lança-chamas que funcione com base no incandescer de gás inflamável expelido sobre pressão não será arma incendiária para os fins do Estatuto do Desarmamento, embora o seja para a Convenção, pois não funciona com arremesso de projétil em processo iniciado pelo incêndio da pólvora[12].

Propositalmente, extraiu-se do rol acima transcrito o disposto no art. 14, II, do Decreto nº 11.615/2023. Com efeito, jamais brinquedos, réplicas e simulacros poderiam ser classificados como armas de fogo de uso proibido, pelo simples motivo de que não se constituem como armas (muito menos de fogo). Infere-se que, justamente por isso, o *caput* do art. 14 não dispõe "são armas de fogo de uso proibido", mas sim "são de uso proibido", elencando, em seguida, os brinquedos, as réplicas e os simulacros, ao lado das armas de fogo assim classificadas nas convenções internacionais e as armas de fogo dissimuladas. Merece o reforço: as ditas "armas de brinquedo" são, na verdade, "brinquedos em formato de armas" e não armas.

Munições são "projéteis, pólvoras e demais artefatos explosivos com que se carregam as armas de fogo"[13]. Há diversos modos de carregar uma arma de fogo, seja pela introdução de pólvora, propelente, buchas ou balins pela boca do cano (antecarga), ou ainda por meio de cartuchos – como ocorre com as armas mais modernas.

---

[12] REIS JR., Almir Santos; SANTOS, Christiano Jorge. Posse ou porte ilegal de arma de fogo de uso restrito – art. 16 da Lei nº 10.826/2003. In: HAMMERSCHMIDT, Denise (coord.). *Crimes hediondos e assemelhados = Heinous crimes*. Curitiba: Juruá, 2020. p. 296-297.

[13] DEL-CAMPO, Eduardo Roberto Alcântara. *Armas, munições, acessórios e equipamentos de uso restrito e permitido*: o novo R-105. São Paulo: APMP, 2001.

A compreensão do grau de restrição das munições é igualmente complexa e exige, no mais das vezes, conhecimento técnico do intérprete da lei (em sentido amplo).

O Decreto nº 11.615/2023, ao contrário da normativa anterior, não definiu quais munições são consideradas de uso restrito, limitando-se a determinar aquelas de uso proibido (art. 14, IV). Assim, subsiste, no tocante às munições de uso restrito, a previsão contida no art. 3º, parágrafo único, IV, do Anexo I do Decreto nº 10.030/2019, com as alterações promovidas pelo Decreto nº 10.627/2021, complementadas pelo Anexo D da Portaria Conjunta C Ex/DG-PF nº 2/2023.

Acresça-se a isso que, para além da necessidade do operador do direito em se socorrer a diversos decretos regulamentares para o preenchimento das classificações jurídicas em estudo, há dificuldade no tocante à própria compreensão dos termos técnicos empregados nas normativas. Isso porque o Decreto nº 10.030/2019 se utiliza, para diferenciar as munições *de uso permitido, restrito* e *proibido*, do critério da energia cinética "na boca do cano" da arma e, ainda, de nomenclaturas específicas, por exemplo munição *traçante* (aquela que, ao ser disparada, deixa no ar o rastro – traço – de sua trajetória).

A energia cinética de uma munição não guarda relação direta com o seu calibre. Enquanto o calibre, via de regra, diz respeito ao tamanho (medida do diâmetro), em polegadas (por exemplo 0,38: calibre .38) ou milímetros (7,65 mm), do projétil do cartucho de munição em sua fração maior (ou pela medição da parte interna do cano da arma, por exemplo), a energia cinética dependerá de fatores distintos, como a carga propulsora do projétil contida no estojo do cartucho, principalmente. Por isso, não é possível classificar uma munição como de *uso permitido, restrito* ou *proibido* com base tão somente no calibre, ressalvados os casos em que o objeto se encontre identificado no rol exemplificativo constante na Portaria Conjunta nº 2 (com as ressalvas acima realizadas sobre a classificação).

Postas as observações ora feitas, incumbe-nos a tarefa de verificar, com base nos atos normativos vigentes, quais munições são tidas como de uso permitido, restrito e proibido.

Consoante dispõe o art. 3º, parágrafo único, IV, do Anexo I do Decreto nº 10.030/2019, são *de uso restrito* as munições que "a) atinjam, na saída do cano de prova de armas de fogo de porte ou de armas de fogo portáteis de alma raiada, energia cinética superior a mil e duzentas libras-pé ou mil seiscentos e vinte joules; b) sejam traçantes, perfurantes ou fumígenas; c) sejam granadas de obuseiro, de canhão, de morteiro, de mão ou de bocal; ou d) sejam rojões, foguetes, mísseis ou bombas de qualquer natureza".

Já nos termos do art. 14, IV, do Decreto nº 11.615/2023, consideram-se como *de uso proibido* as munições "a) classificadas como de uso proibido em acordos ou tratados internacionais dos quais a República Federativa do Brasil seja signatária; ou b) incendiárias ou químicas".

Recai-se, pois, na igual necessidade de perquirir, nos tratados e convenções internacionais dos quais o Brasil participa, quais munições são consideradas de uso proibido. E isso não é tarefa simples.

Extrai-se do Estatuto de Roma do Tribunal Penal Internacional a tipificação, como crime de guerra, da conduta de utilização de munições "que se expandem ou achatam facilmente no interior do corpo humano, tais como balas de revestimento duro que não cobre totalmente o interior ou possui incisões" (art. 8º, 2, *b*, XIX), isto é, o manejo de munições cujo funcionamento implica o agravamento dos danos aos órgãos internos do corpo penetrado (exemplo: cartuchos de ponta oca, denominados *hollow point*). Tratando-se de crime de guerra, constata-se que tais munições afiguram-se como de uso proibido.

Há, ainda, previsão na Convenção da ONU sobre Armas Convencionais de proibição de emprego de munições, como as "minas lançadas a distância" em áreas desprovidas de objetivos militares (vide art. 5º do Decreto nº 2.739/1998[14]). Para fins do Estatuto do Desarmamento, a utilização de mina configurará ilícito penal desde que lançada a distância por meio de arma de fogo, por exemplo por meio de um morteiro (embora não seja isso usual)[15]. Ressalve-se, dada a relevância, que não é o morteiro o responsável pelo enquadramento da referida munição como de uso proibido, porquanto as granadas de morteiro são classificadas como munição de uso restrito, nos exatos termos do art. 3º, parágrafo único, IV, *c*, do Anexo I do Decreto nº 10.030/2019.

São igualmente proibidas as munições incendiárias arremessadas pelas armas de fogo incendiárias (definidas no art. 1 do Protocolo III da Convenção da ONU sobre Armas Convencionais como "qualquer arma ou munição planejada primariamente para incendiar objetos ou causar lesões por queimadura a pessoas por meio da ação de chamas, calor, ou uma combinação dos mesmos, produzidos por uma reação química da substância lançada no alvo"), não bastando, para fins da proibição extraída do aludido tratado internacional, que a munição seja incendiária, mas exigindo-se que a arma incendiária seja de fogo.

---

[14] Disponível em: https://bit.ly/41fWB6B. Acesso em: 12 abr. 2023.

[15] Morteiro é definido no Glossário (Anexo III) do Decreto nº 10.030/2019 como armamento bélico pesado de carregamento antecarga (carregamento pela boca), que realiza tiro de trajetória curva. Entendemos que o morteiro é arma de fogo por conta de seu funcionamento, posto que a munição desce pela força da gravidade pelo tubo e, então, haverá o encontro (impacto) da estopilha com o percutor. A microexplosão provocada expele a carga cujo efeito danoso é provocado ao atingir um obstáculo. Há referências de "modelos mais sofisticados (que) podem operar o disparo por ação móvel do pino percutor e gatilho". Disponível em: https://bit.ly/3OIYfpP. Acesso em: 28 jun. 2020.

Por outro lado, o art. 14, IV, *b*, do Decreto nº 11.615/2023 estabelece como de uso proibido as munições "incendiárias ou químicas". A partir disso, questiona-se: no ordenamento jurídico pátrio há dupla punição em relação ao uso de munição incendiária arremessada/disparada por arma de fogo incendiária, derivadas da Convenção da ONU sobre Armas Convencionais e do Decreto nº 11.615/2023, ou o arremesso de uma munição incendiária, por si, constituir-se-ia em ato ilícito e típico nos termos do Estatuto do Desarmamento e, portanto, ter-se-iam duas espécies de proibição em relação às munições incendiárias?

Respeitada orientação diversa, entende-se nesta obra que a interpretação mais correta é da inútil dupla proibição, isto é, tanto a Convenção da ONU sobre Armas Convencionais quanto o Decreto nº 11.615/2023 dispõem acerca da proibição do arremesso/disparo, por meio de arma de fogo, das munições incendiárias, na medida em que a elementar *munição* dos diversos tipos penais previstos no Estatuto do Desarmamento somente pode ser assim compreendida quando arremessada/disparada por arma de fogo.

Enfim, o Decreto nº 11.615/2023 abarca como de uso proibido as munições químicas, cuja definição se encontra na Convenção Internacional sobre a Proibição do Desenvolvimento, Produção, Estocagem e Uso de Armas Químicas e sobre a Destruição das Armas Químicas Existentes no Mundo, da qual o Brasil participa como Estado signatário (Decreto nº 2.977/1999).

No documento internacional, são definidas como armas químicas: "a) As substâncias químicas tóxicas ou seus precursores, com exceção das que forem destinadas para fins não proibidos por esta Convenção, desde que os tipos e as quantidades em questão sejam compatíveis com esses fins; b) As munições ou dispositivos destinados de forma expressa para causar morte ou lesões mediante as propriedades tóxicas das substâncias especificadas no subparágrafo a) que sejam liberadas pelo uso dessas munições ou dispositivos; ou c) Qualquer tipo destinado de forma expressa a ser utilizado diretamente em relação com o uso das munições ou dispositivos especificados no subparágrafo b)".

Ainda, o Capítulo B do Anexo sobre Substâncias Químicas da mencionada Convenção traz três tabelas, divididas de acordo com os critérios estabelecidos no Capítulo A, nas quais foram previstas diversas substâncias empregadas nas armas e munições químicas e que, por conseguinte, devem ser destruídas pelos Estados-partes, tais como o dicloreto de carbonila (gás asfixiante), o cianeto de hidrogênio (gás ou líquido asfixiante) ou o gás-mostarda (vapor ou líquido), este que possuiu ampla utilização durante a Primeira Guerra Mundial.

Não é demais rememorar que, conforme já exposto, para fins de caracterizar a elementar *munição* dos tipos penais previstos na Lei nº 10.826/2003, é imprescindível que as munições químicas sejam disparadas por arma de fogo.

Ressalte-se, por oportuno, que o gás lacrimogêneo e o gás de pimenta, utilizados por algumas das polícias brasileiras, não compõem as tabelas acima relacionadas, especialmente por não serem letais (se utilizados dentro dos parâmetros previstos). Logo, não se trata de munições de uso proibido, a despeito de serem hipoteticamente classificadas como munições químicas.

Por fim, apesar de os Decretos nº 10.030/2019 e 11.615/2023 não elencarem as munições de *uso permitido*, adequam-se a esse grau de restrição aquelas especificadas nos anexos A, C e E da Portaria Conjunta nº 2.

Necessário tecer considerações, ainda, quanto aos acessórios de arma de fogo, por se tratar de matéria de interesse para adequada compreensão dos tipos penais previstos na Lei nº 10.826/2003. Assim como as armas de fogo e as munições, os *acessórios* são elementos normativos dos tipos penais cuja conceituação não é encontrada no Estatuto do Desarmamento, mas sim em decretos regulamentares da matéria, reforçando o caráter de norma penal em branco dos dispositivos legais da aludida lei.

No que concerne à definição de acessório, o Glossário (Anexo III) do Decreto nº 10.030/2019 foi alterado pelo Decreto nº 10.627/2021, e que passou a constar "artefatos listados nominalmente na legislação como Produto Controlado pelo Exército – PCE que, acoplados a uma arma, possibilitam a alteração da configuração normal do armamento, tal como um supressor de som".

Seria preferível não utilizar a expressão artefato no sentido de acessório, afinal toda ciência deve buscar termos precisos e unívocos, evitando expressões dotadas de mais de um significado (gerando conceituação equívoca, por consequência). E não se está aqui a tecer críticas com fins de garantir mero preciosismo de pouca utilidade, mas sim viabilizar a correta interpretação da lei quando, por exemplo, utiliza o termo "artefato" ora como sinônimo de acessório, ora como sinônimo de munição (vide art. 16, § 1º, I e III, da Lei nº 10.826/2003).

Portanto, para efeito do Estatuto do Desarmamento, melhor entender artefato como gênero que abrange tanto as munições como os acessórios das armas de fogo.

O Decreto nº 10.030/2019, em seu art. 15, § 2º, II, *a* e *b*, qualifica como de uso restrito os acessórios que tenham por objetivo "suprimir ou abrandar o estampido" (os denominados *silenciadores*) ou "modificar as condições de emprego, conforme regulamentação do Comando do Exército" (por exemplo, uma peça que permita transformar uma arma semiautomática em automática, ou seja, coisa apta a permitir tiro no modo rajada em arma que não possui originalmente tal característica).

Embora o Decreto nº 10.030/2019 não disponha de forma delimitada quais são os acessórios de uso proibido, entendemos que tal definição, ao menos por ora, pode ser extraída da interpretação sistemática do ordenamento jurídico.

Isso porque o art. 15, § 1º, I, do Decreto nº 10.030/2019 prevê que "[todos] os produtos químicos listados na Convenção Internacional sobre a Proibição do Desenvolvimento, Produção, Estocagem e Uso de Armas Químicas e sobre a Destruição das Armas Químicas Existentes no Mundo, promulgada pelo Decreto nº 2.977, de 1º de março de 1999, e na legislação correlata, quando utilizados para fins de desenvolvimento, de produção, estocagem e uso em armas químicas", são considerados como produtos controlados de uso proibido.

Já nos termos do art. 2º, I, do Anexo I mesmo Decreto, os PCEs abrangem aqueles objetos que indiquem a necessidade *de restrição de uso por motivo de incolumidade pública* ou ainda sejam de *interesse militar*. A qualificação de acessórios como PCE, por conseguinte, é evidente, não apenas em razão de o próprio Decreto classificar como de uso restrito alguns deles (consoante já estudado), o que indica a necessidade de controle, como também pelas diversas previsões dispostas no mesmo ato regulamentar (*e.g.*, art. 29, I, ou ainda o Título V, ambos do Anexo I do Decreto nº 10.030/2019).

Logo, considerando que os produtos químicos da Convenção sobre Armas Químicas são considerados PCEs e os acessórios são deles espécies, os itens referidos na Convenção que se enquadrem como acessórios de armas de fogo serão identificados como acessórios de uso proibido.

É o que ocorre, por exemplo, com os objetos que servem como "conjunto de conversão de funcionamento, conjunto de conversão de emprego, conjunto de conversão de calibre, supressor de som, quebra-chamas" de uma arma de fogo destinada a disparar munição química, ou ainda com os demais acessórios das armas de fogo de uso proibido previstas em tratados e convenções internacionais dos quais o Brasil figura como signatário (imaginemos, a título ilustrativo, um silenciador adequado a uma arma de fogo cujo efeito primário é ferir por meio de fragmentos que, no corpo humano, não são detectáveis por raios X – ou seja, arma de fogo de uso proibido).

São de uso permitido, finalmente, os acessórios de arma de fogo que não sejam de uso restrito ou proibido. A conceituação se dá por exclusão e é extraída da Portaria Colog nº 118/2019, a qual traz em seu Anexo, mais especificamente no item 1.2.0010, uma enumeração de possíveis acessórios de arma de fogo, sem classificá-los, porém, quanto ao grau de restrição.

Dentre os objetos, destacam-se o *conjunto de conversão de calibre* e o *quebra-chamas* (dispositivo que se acopla à boca do cano da arma para evitar a saída da denominada "língua de fogo"), os quais não possuem previsão na regulamentação adjetiva sobre o grau de restrição de uso e, por conseguinte, podem ser encarados como acessórios de uso permitido – ressalvado o disposto no art. 15, § 2º, XII, do Decreto nº 10.030/2019[16].

---

[16] "Art. 15. [...] § 2º São produtos controlados de uso restrito: [...] XII – os redutores de calibre de armas de fogo de emprego finalístico militar ou policial."

Por fim, insta consignar ter o Decreto nº 11.615/2023 trazido a determinação ao Comando do Exército de edição de proposta de novas Portarias, tratando da "classificação legal, técnica e geral dos produtos controlados" e "da proposta de definição e de classificação legal, técnica e geral das armas de fogo, das munições, dos componentes e dos acessórios de uso proibido, restrito ou permitido", esta mediante o aval do Ministério da Justiça e da Segurança Pública (art. 5º do referido decreto).

A nova regulamentação suprirá a falta de delimitação clara e objetiva acerca da classificação dos acessórios de arma de fogo, tornando mais facilitada a compreensão do grau de restrição de cada um dos objetos de uso controlado.

4.2. ESPÉCIES DE CERTIFICADOS DE REGISTRO

Como visto, no território nacional há dois grandes sistemas de *cadastro* de armas de fogo, munições e acessórios: o Sinarm e o Sigma (Sistema de Gerenciamento Militar de Armas). Embora haja determinação regulamentar de comunicabilidade entre os bancos de dados mantidos por tais sistemas (art. 3º, § 4º, do Decreto nº 11.615/2023), eles são vinculados a instituições diferentes, isto é, à Polícia Federal (Sinarm) e ao Comando do Exército (Sigma).

O *cadastro* de tais objetos nos sistemas pertinentes, no entanto, não se confunde com o *registro* deles. O Certificado de Registro (CR) das armas de fogo, munições e acessórios é o documento que possui validade em todo o território nacional e autoriza o seu titular a manter o objeto de uso controlado no interior de sua residência (ou domicílio) e nas dependências dela, assim como no local de trabalho, desde que o possuidor do armamento seja o titular ou o responsável legal pelo estabelecimento ou pela empresa (art. 5º, *caput*, da Lei nº 10.826/2003).

De acordo com a nova disciplina instituída pelo Decreto nº 11.615/2023, são quatro os tipos de registro que atualmente podem ser emitidos.

O primeiro deles, denominado *Certificado de Registro (CR)*, é o "documento hábil que autoriza as pessoas físicas ou jurídicas a utilização industrial, armazenagem, comércio, exportação, importação, transporte, manutenção, recuperação e manuseio de produtos controlados pelo Comando do Exército" (art. 2º, XXI, do Decreto nº 11.615/2023).

O segundo é o Certificado de Registro de Pessoa Física (CRPF) e consiste no "documento comprobatório do ato administrativo de cadastro da pessoa física, concedido pela Polícia Federal, com autorização pessoal e intransferível para aquisição e utilização de arma de fogo, munições e acessórios" (art. 2º, XXII, do Decreto nº 11.615/2023).

Há, ainda, o *Certificado de Registro de Pessoa Jurídica (CRPJ)*, tratando-se do "documento comprobatório do ato administrativo de cadastro da pessoa jurídica, concedido pela Polícia Federal, com autorização para a aquisição, o uso e a estocagem de armas de fogo, para a constituição de empresa de segurança privada vinculado às finalidades e às atividades legais declaradas" (art. 2º, XXIII, do Decreto nº 11.615/2023).

Por fim, o decreto regulamentar dispõe sobre o *Certificado de Registro de Arma de Fogo (Craf)*, consubstanciado no "documento comprobatório do ato administrativo de cadastro de arma de fogo, com o número do referido cadastro, vinculado à identificação do proprietário e à finalidade legal que motivou a aquisição da arma de fogo, concedido pela Polícia Federal ou pelo Comando do Exército, conforme o caso" (art. 2º, XXIV, do Decreto nº 11.615/2023).

Em suma, conquanto as conceituações jurídicas de *cadastro* e de *registro* não se confundam, elas, de fato, possuem correlação: a emissão do certificado de registro das armas de fogo cadastradas no Sinarm deve ser solicitada perante a Polícia Federal e, de outro lado, a emissão do mencionado documento correspondente às armas de fogo cadastradas no Sigma deve ser requerida ao Comando do Exército.

Destaque-se, ademais, que, nos moldes do art. 5º, § 1º, da Lei nº 10.826/2003, o cadastro da arma de fogo, no Sinarm ou no Sigma, deve preceder a emissão do registro, inclusive porque o próprio sistema será o responsável por autorizar a concessão do registro.

Acerca do tipo de certificado de registro a ser obtido pela pessoa que deseja adquirir, dentro dos liames da legalidade, uma arma de fogo, o próprio art. 2º do Decreto nº 11.615/2023 abarca algumas das situações, tais como as dos caçadores excepcionais, atiradores desportivos e colecionadores (denominados pela sigla CACs), sobre as quais, devido ao forte interesse social, político e jurídico, bem como a constante aparição no expediente forense, abrir-se-á tópico próprio para tecer comentários elucidativos.

4.2.1. Tratamento jurídico conferido aos caçadores excepcionais, atiradores desportivos e colecionadores (CACs)

Desde a sua redação original, a Lei nº 10.826/2003 previu, em seu art. 24, a possibilidade de o Comando do Exército conceder o registro e o porte de trânsito[17] de armas de fogo a "colecionadores, atiradores e caçadores", bem

---

[17] Conforme dispõe o art. 2º, XXXIV, do Decreto nº 11.615/2023, o porte de trânsito consiste na "autorização concedida pelo Comando do Exército, mediante emissão da guia de tráfego, aos colecionadores, aos atiradores, aos caçadores e aos representantes estrangeiros em competição internacional oficial de tiro realizada no território nacional, para transitar com armas de fogo registradas em seus acervos, desmuniciadas, em trajeto preestabelecido, por período predeterminado e de acordo com a finalidade declarada no registro correspondente".

como fiscalizar o comércio, a aquisição e a utilização dos objetos de uso controlado pelos indivíduos que se enquadram em tais categorias.

Utilizando as conceituações oferecidas pelo art. 2º do Decreto nº 11.615/2023 (atualmente vigente), denominam-se:

> XVII – atirador desportivo – pessoa física registrada pelo Comando do Exército por meio do Certificado de Registro – CR, filiada a entidade de tiro desportivo e federação ou confederação que pratique habitualmente o tiro como modalidade de desporto de rendimento ou de desporto de formação, com emprego de arma de fogo ou ar comprimido;
>
> XVIII – caçador excepcional – pessoa física registrada pelo Comando do Exército por meio do CR, titular de registro de arma de fogo vinculada à atividade de caça excepcional para manejo de fauna exógena invasora; [...]
>
> XXV – colecionador – pessoa física ou pessoa jurídica, registrada pelo Comando do Exército por meio do CR, que se comprometa a manter, em segurança, armas de fogo de variados tipos, marcas, modelos, calibres e procedências, suas munições e seus acessórios, armamento pesado e viaturas militares de variados tipos, modelos e procedências, seu armamento, seus equipamentos e seus acessórios, de modo a contribuir para a preservação do patrimônio histórico nacional ou estrangeiro; [...].

Em breve análise dos atos normativos infralegais regulamentadores do regime jurídico atribuído aos CACs, o Decreto nº 5.123/2004, primeiro ato normativo editado com o fito de regulamentar, com maior acuidade, a Lei nº 10.826/2003, disciplinou, no art. 30, os atos de competência do Comando do Exército relativos ao controle das armas de fogo adquiridas e mantidas pelos colecionadores, atiradores e caçadores, bem como pelas agremiações esportivas e empresas de instrução de tiro.

Já no art. 32 (redação original[18]), previu o decreto retromencionado que o Comando do Exército seria o responsável por expedir o porte de trânsito, o qual, porém, somente poderia ocorrer com as armas desmuniciadas (parágrafo único).

Veja-se que, na redação original do Estatuto do Desarmamento, não se fazia distinção entre os caçadores excepcionais e aqueles que utilizavam da caça para a subsistência própria e familiar. Atualmente, o tratamento é completamente distinto, inclusive no que tange à instituição competente para registrar a arma de fogo dos indivíduos que se enquadram em cada uma dessas categorias[19].

---

[18] A redação original do Decreto nº 5.123/2004 pode ser acessada em: https://bit.ly/3BdOP2m.

[19] Nos termos do art. 2º, XVIII e XIX, do Decreto nº 11.615/2023, caçador de subsistência é a "pessoa física registrada pela Polícia Federal, titular de registro de arma de fogo vinculada à atividade de caça de subsistência, destinada ao provimento de recursos alimentares indispensáveis à sobrevivência dos povos indígenas e dos povos e das comunidades tradicionais, entre outros, respeitadas as espécies protegidas, constantes da lista oficial de espécies editada pelo órgão competente".

Prosseguindo. Inicialmente, com a edição do Decreto nº 5.123/2004, exigia-se para a aquisição e o registro das armas de fogo de uso permitido o preenchimento dos requisitos estampados no art. 12, dentre eles a declaração da efetiva necessidade e a comprovação de aptidão psicológica para o manuseio da arma de fogo, atestada em laudo fornecido por psicólogo integrante do quadro da Polícia Federal ou credenciado por essa instituição.

Contudo, houve substancial alteração da disciplina regulamentar, em especial (e de maior interesse para o tema ora tratado) pelo Decreto nº 9.685/2019 e seguintes, os quais, de certo modo, flexibilizaram a aquisição e o registro de armas de fogo pelos colecionadores, atiradores esportivos e caçadores excepcionais.

O art. 1º do Decreto nº 9.685/2019 modificou o art. 12 do Decreto nº 5.123/2004, inserindo o § 7º, que isentou as figuras ali elencadas de comprovarem a efetiva necessidade de obtenção do armamento, dentre elas os "colecionadores, atiradores e caçadores, devidamente registrados no Comando do Exército" (inciso VI).

Ainda, os arts. 16, § 2º, e 18, § 3º, do Decreto nº 5.123/2004, que determinavam a renovação periódica do certificado de registro a cada três anos para as armas de fogo de uso permitido e restrito (respectivamente), foram também modificados pelo Decreto nº 9.685/2019. De acordo com a nova normativa, houve a ampliação do prazo de renovação dos certificados de registro para dez anos.

Algum tempo depois, foram publicados, sucessivamente, os Decretos nº 9.785/2019, 9.846/2019, 10.030/2019, 10.627/2021, 10.628/2021, 10.629/2021 e 10.630/2021, os quais ab-rogaram as disposições contidas nos Decretos nº 5.123/2004 e 9.685/2019, constituindo nova disciplina acerca da concessão de registro de armas de fogo aos colecionadores, atiradores esportivos e caçadores excepcionais e questões pertinentes.

Retirou-se, por completo, a exigência de apresentação de declaração de efetiva necessidade do rol de requisitos necessários para a emissão do certificado de registro de arma aos colecionadores, atiradores esportivos e caçadores excepcionais, bem como flexibilizou-se a comprovação de aptidão psicológica ao permitir que o laudo técnico conclusivo, antes necessariamente expedido por psicólogo credenciado pela Polícia Federal, fosse subscrito por psicólogo com registro profissional ativo em Conselho Regional de Psicologia (art. 3º, § 2º, do Decreto nº 9.846/2019, com alterações promovidas pelos Decretos nº 10.030/2019 e 10.629/2021).

Vale indicar, ainda, a mitigação da exigência de comprovação da capacidade técnica para o manuseio da arma de fogo pela nova disciplina regulamentar. É que, enquanto o art. 12, VI, e § 3º, do Decreto nº 5.123/2004, com a redação modificada pelo Decreto nº 8.935/2016, previa a necessidade de a capacidade técnica ser atestada por "instrutor de armamento e tiro credenciado pela Polícia Federal", o art. 3º, V, do Decreto nº 9.846/2019, com a redação alterada pelo Decreto nº 10.629/2021, passou a possibilitar a expedição do laudo de capacidade técnica por "instrutor de tiro desportivo ou instrutor de armamento e tiro credenciado junto à Polícia Federal".

Consigne-se, ainda, outras disposições de interesse: estabeleceu-se aos atiradores e caçadores os limites de aquisição, por ano[20], de até mil unidades de munição e insumos para recarga de até dois mil cartuchos, para cada arma de fogo de uso restrito, e de até cinco mil unidades de munição e insumos para recarga de até cinco mil cartuchos para cada arma de uso permitido (art. 4º, § 1º, do Decreto nº 9.846/2019, com alterações promovidas pelos Decretos nº 10.030/2019 e 10.629/2021). Os limites quantitativos, ademais, poderiam ser ampliados, mediante autorização do Comando do Exército quando preenchidos os requisitos dispostos no art. 4º, § 4º, do Decreto nº 9.846/2019, com alterações promovidas pelo Decreto nº 10.629/2021).

Também merece destaque a previsão contida no art. 3º, § 5º, II, do Decreto nº 9.846/2019, com alterações promovidas pelo Decreto nº 10.629/2021, que passou a dispensar a autorização prévia do Comando do Exército para a aquisição de quantidade superior àquela elencada no *caput* do referido art. 3º pelos colecionadores, atiradores esportivos e caçadores excepcionais.

Relevante assinalar, por fim (dada a desnecessidade de exaurimento do tema para os fins desta obra), o preconizado no art. 5º, § 3º, do Decreto nº 9.846/2019, com alterações promovidas pelo Decreto nº 10.629/2021, segundo o qual "Os colecionadores, os atiradores e os caçadores poderão portar uma arma de fogo de porte municiada, alimentada e carregada, pertencente a seu acervo cadastrado no Sigma, no trajeto entre o local de guarda autorizado e os de treinamento, instrução, competição, manutenção, exposição, caça ou abate, por meio da apresentação do Certificado de Registro de Arma de Fogo e da Guia de Tráfego válida, expedida pelo Comando do Exército".

Decerto, as alterações promovidas pelas normativas regulamentares não passaram despercebidas pelos legitimados à propositura de ADIs. Foi o caso do ajuizamento da ADI 6.139/DF, por meio da qual se buscou a declaração da inconstitucionalidade *in totum* do Decreto nº 9.785/2019 e de alguns dis-

---

[20] A normativa anterior, ao menos quanto aos atiradores esportivos, estabelecia limites sensivelmente menores. Nos termos do art. 91 da Portaria Colog nº 51/2015, os atiradores esportivos eram subdivididos em três categorias e os mais experientes podiam adquirir, anualmente, até 60 mil cartuchos e 12 kg de pólvora, independentemente da quantidade de armas de fogo por eles possuída. A partir da sistemática instalada pelos Decretos nº 10.030/2019 e 10.629/2021, considerando que, nos termos do art. 3º, I e II, do Decreto nº 9.846/2019, os atiradores poderiam adquirir até 60 armas de fogo (30 classificadas como de uso permitido e as demais como de uso restrito), os limites anuais de aquisição de munição perfariam 180 mil munições, sendo 30 mil de uso restrito e 150 mil de uso permitido.

positivos específicos do Decreto nº 9.875/2019, além da aplicação da técnica da interpretação conforme a Constituição do art. 4º, § 2º; art. 10, § 2º, I; e art. 27 da Lei nº 10.826/2003.

Contudo, considerando que, no curso da ação de controle de constitucionalidade, o Presidente da República revogou os decretos regulamentares objetos de questionamento – conforme se elucidará adiante –, o Pretório Excelso, por maioria de votos, decidiu pela perda parcial do objeto da ação, conhecendo-a tão somente com relação aos pedidos de interpretação conforme a Constituição do art. 4º, § 2º; art. 10, § 2º, I; e art. 27 da Lei nº 10.826/2003 e de declaração da inconstitucionalidade do art. 3º do Decreto nº 9.846/2019 (que substituiu o anterior art. 11, § 3º, do Decreto nº 9.785/2019).

E, especialmente para os fins deste capítulo, o STF fixou balizas importantes no que tange à interpretação do art. 4º, § 2º, do Estatuto do Desarmamento. Para além de reafirmar o dever estatal de garantia da segurança a partir do efetivo controle sobre o acesso às armas de fogo, estabeleceram-se diretrizes ao agir do Poder Executivo na edição de decretos regulamentares que veiculem o quantitativo de munições a serem adquiridas, a partir da técnica de interpretação conforme a Constituição, fixando a tese jurídica: "A limitação dos quantitativos de munições adquiríveis se vincula àquilo que, de forma diligente e proporcional, garanta apenas o necessário à segurança dos cidadãos".

Por outro lado, com relação ao mencionado art. 3º, II, do Decreto nº 9.846/2019, que permitia aos CACs a aquisição de armas de fogo de uso restrito nos limites fixados no dispositivo regulamentar, a Corte Constitucional brasileira declarou a inconstitucionalidade da norma impugnada, por violação ao princípio da proporcionalidade e afronta aos direitos fundamentais à vida e à segurança, nos termos do voto lavrado pelo Eminente Ministro Edson Fachin[21]:

> Uma vez aditada a peça inicial, o objeto da impugnação passa a ser o art. 3º, II, *a*, *b* e *c*, do Decreto nº 9.846/2019. O vício que acometeria a norma estaria ligado à conjugação de dois fatores: a ausência de requisitos para superar a extrema excepcionalidade da aquisição de armas de uso restrito, e a definição excessivamente larga dos quantitativos.
>
> Parece-me que a redação vigente termina por transformar os CACs em verdadeira negação da regra da efetiva necessidade, a qual concretiza, como demostrei anteriormente, o requisito da diligência devida quanto ao direito à vida e ao direito à segurança. Ora, não resta dúvida de que o Estatuto do Desarmamento vinculou a aquisição de armas de fogo por colecionadores, atiradores e caçadores a um juízo do Comando do Exército quanto à existência de requisitos autorizadores. Esta autorização, nos termos do art. 27, relembro, tem caráter sempre excepcional.

---

[21] Trecho extraído do voto lavrado pelo eminente Ministro Relator Edson Fachin, disponível em: https://bit.ly/49mX48S. Acesso em: 2 nov. 2024.

O art. 3º, II, *a*, *b* e *c*, cria indevida permissão de aquisição de armas de uso restrito sem o controle do Comando do Exército. Viola-se, assim, a letra do art. 27 do Estatuto do Desarmamento e o dever constitucional de diligência devida. Ademais, os quantitativos relacionados a esta exceção não sobrevivem ao teste de proporcionalidade, porquanto atribuem-se aos CACs, sem o suporte de razões empíricas e normativas, permissão para adquirir um elevadíssimo número de armas de uso restrito [...].

Este valor é absolutamente incompatível com a realidade fática e a realidade normativa do Estado brasileiro. O aumento vertiginoso de armas circulando em território nacional não encontra guarida nos direitos à vida e à segurança, nem tampouco possui premissas empíricas que possam suportar um possível direito de acesso às armas de fogo para fins de autodefesa.

Posteriormente, com a edição dos Decretos nº 10.627, 10.628, 10.629 e 10.630, em fevereiro de 2021, os quais, conforme anteriormente mencionado, modificaram, especialmente, o Decreto nº 9.846/2019, foram ajuizadas cinco ADIs perante o STF: 6.675, 6.676, 6.677, 6.680 e 6.695.

As ações foram distribuídas à Relatoria da eminente Ministra Rosa Weber e, após a tomada das providências previstas em lei, apreciados os pedidos de medida cautelar, os quais restaram deferidos por decisão datada de 12 de abril de 2021, *ad referendum* do Plenário do STF, a fim de suspender a eficácia de alguns dos preceitos normativos impugnados, quais sejam[22]:

(a) dos incisos I, II, VI e VII do § 3º do art. 2º do Regulamento de Produtos Controlados (Decreto nº 10.030/2019), incluídos pelo Decreto nº 10.627/2021; (b) do § 1º do art. 7º do Decreto nº 10.030/2019 (incluído pelo Decreto nº 10.627/2021); (c) do §§ 8º e 8º-A do art. 3º do Decreto nº 9.845/2019, incluído pelo Decreto nº 10.628/2021; (d) da expressão normativa "quando as quantidades excederem os limites estabelecidos nos incisos I e II do *caput*", inscrita no inciso II do § 5º do art. 3º do Decreto nº 9.846/2019, na redação dada pelo Decreto nº 10.629/2021; (e) dos incisos I e II do § 1º e do § 4º, *caput* e incisos I e II, todos do art. 4º do Decreto nº 9.846/2019, na redação dada pelo Decreto nº 10.629/2021; (f) da expressão "por instrutor de tiro desportivo" inscrita no inciso V do § 2º do art. 3º do Decreto nº 9.846/2019 (na redação dada pelo Decreto nº 10.629/2021) e "fornecido por psicólogo com registro profissional ativo em Conselho Regional de Psicologia" do inciso VI do § 2º do art. 3º do Decreto nº 9.846/2019 (na redação dada pelo Decreto nº 10.629/2021); (g) do art. 3º, § 2º, VI, do Decreto nº 9.846/2019 (na redação dada pelo Decreto nº 10.629/2021), restabelecendo-se, em consequência, a vigência do § 2º do art. 30 do Decreto nº 5.123/2004; (h) do § 2º do art. 4º e do § 3º do art. 5º do Decreto nº 9.846/2019 (na redação dada pelo Decreto nº 10.629/2021); (i) da expressão normativa "em todo o território nacional" prevista no *caput*

---

[22] Trecho extraído da decisão lavrada pela eminente Ministra Rosa Weber, disponível em: https://bit.ly/3ZfX8mi. Acesso em: 3 maio 2024.

do art. 17 do Decreto nº 9.847/2019 (na redação dada pelo Decreto nº 10.630/2021), fixando a exegese no sentido de que o âmbito espacial de validade do porte de arma de uso permitido concedido pela Polícia Federal deverá corresponder à amplitude do território (municipal, estadual ou nacional) onde se mostre presente a efetiva necessidade exigida pelo Estatuto, devendo o órgão competente fazer constar essa indicação no respectivo documento.

Em 3 de julho de 2023, houve a apreciação das medidas cautelares pelo Plenário do STF, ocasião em que a Corte acatou proposta da Ministra Relatora e converteu o referendo das medidas cautelares em julgamento de mérito das ações de controle concentrado de constitucionalidade.

Assim, em julgamento por maioria de votos, o Tribunal Constitucional conheceu em parte das ADIs e, na parte conhecida, julgou-as parcialmente procedentes para reconhecer a inconstitucionalidade dos dispositivos acima elencados, cuja eficácia havia sido suspensa pela eminente Relatora Ministra Rosa Weber em sede de apreciação de medida cautelar[23].

Insta consignar que, no curso das mencionadas ADIs[24], houve transição de governos no Poder Executivo federal, com a eleição de novo Presidente da República. Com isso, considerando as então recentes polêmicas envolvendo a flexibilização do acesso às armas de fogo pelos CACs, alteraram-se consideravelmente as normativas outrora instituídas.

Já em 1º de janeiro de 2023, editou-se o Decreto nº 11.366/2023, revogando *in totum* os Decretos nº 9.845/2019, 9.846/2019, 10.628/2021 e 10.629/2021, além dos dispositivos expressamente elencados no art. 32.

Quanto às disposições que merecem relevo para os fins desta obra, suspenderam-se, nos termos do art. 3º do Decreto nº 11.366/2023, novos "registros para a aquisição e transferência de armas de fogo de uso restrito por caçadores, colecionadores, atiradores e particulares, até a entrada em vigor de nova regulamentação à Lei nº 10.826, de 2003", assim como a aquisição

---

[23] Com duas ressalvas, verificadas a partir da análise das decisões monocrática e colegiada: (i) enquanto foi determinada a suspensão da eficácia da integralidade do § 1º do art. 7º do Decreto nº 10.030/2019, houve a declaração de inconstitucionalidade, pelo Plenário da Corte, somente do inciso VII do referido parágrafo; (ii) quando do julgamento da medida cautelar, não foi determinada a suspensão da eficácia do art. 7º do Decreto nº 9.846/2019, todavia, posteriormente, reconheceu-se a inconstitucionalidade de tal norma no julgamento de mérito das ADIs.

[24] A questão referente à possível prejudicialidade entre a edição dos novos decretos regulamentares no início de 2023 e o julgamento das ações, cujos objetos eram, justamente, as normativas publicadas pelo governo anterior, foi expressamente tratada no voto da eminente Ministra Rosa Weber, a qual, porém, compreendeu, à luz da jurisprudência assentada daquela Corte Superior, pela possibilidade de "conhecer do pedido e permitir a esta Corte a fixação de exegese, com eficácia *erga omnes* e efeito vinculante, que forneça adequada orientação, aos demais órgãos do Poder Judiciário e aos Poderes da República, quanto ao sentido e ao alcance de normas constitucionais revestidas de caráter fundamental" (p. 73 do v. acórdão).

de munições para as referidas armas de fogo (§ 3º) e os registros de colecionadores, atiradores e caçadores (art. 13).

Ademais, o Decreto supramencionado proibiu o porte de trânsito de arma de fogo municiada pelos CACs, "inclusive no trajeto entre sua residência e o local de exposição, prática de tiro ou abate controlado de animais" (art. 14), ressalvando-se, no entanto, o transporte das armas desmuniciadas, com a munição acondicionada em recipiente próprio e separado do armamento (§ 1º).

Reduziu-se, ainda, a quantidade de munições de uso permitido a serem adquiridas pelos atiradores e caçadores anualmente para 600 unidades para cada arma registrada (art. 16, § 1º) e foi suspensa a aquisição de insumos para recarga de munições por todas as pessoas físicas, incluídas aquelas enquadradas como CACs (art. 28).

Cumpre registrar ter o STF, por maioria de votos, referendado a medida cautelar concedida pelo eminente Ministro Gilmar Mendes na ADC 85/DF, proposta pelo Presidente da República, para determinar[25]:

> (i) a suspensão do julgamento de todos os processos em curso cujo objeto ou a causa de pedir digam com a constitucionalidade, legalidade ou eficácia do Decreto nº 11.366, de 1º de janeiro de 2023, do Presidente da República; e
>
> (ii) a suspensão da eficácia de quaisquer decisões judiciais que eventualmente tenham, de forma expressa ou tácita, afastado a aplicação do Decreto nº 11.366 de 1º de janeiro de 2023, do Presidente da República.

Alguns meses depois, adveio o Decreto nº 11.615/2023, o qual revogou, nos termos do art. 83, VIII, o anterior Decreto nº 11.366/2023 e que abarca a disciplina regulamentar atualmente vigente sobre o tratamento jurídico conferido aos caçadores excepcionais, atiradores esportivos e colecionadores, com substanciais modificações do regime anterior.

A primeira grande inovação é a determinação de migração das competências do Comando do Exército à Polícia Federal relativas à autorização, registro e fiscalização das atividades de caça excepcional, tiro desportivo e colecionamento, bem como concessão do porte de trânsito (art. 6º, § 1º, do Decreto nº 11.615/2023).

Em breve análise à referida disposição, entendemos se tratar de abuso no exercício de competência regulamentar por parte do Poder Executivo federal, tendo em vista que o ato normativo, ao contrário de disciplinar a Lei nº 10.826/2003, dando-lhe fiel cumprimento, viola expressamente o disposto

---

[25] Disponível em: https://bit.ly/41l6yjc. Acesso em: 2 nov. 2024.

no art. 24 do Estatuto do Desarmamento e, por conseguinte, não cumpre o preconizado pelo art. 84, IV, da CF[26].

O art. 15, *caput* e §§ 1º e 3º, do mencionado Decreto restabeleceu a comprovação da efetiva necessidade da posse ou do porte da arma de fogo para adquirir e registrar as armas de fogo pelos indivíduos enquadrados como CACs, ressaltando, ainda, que a comprovação não poderá ser presumida, mas sim a partir da demonstração "(d)os fatos e (d)as circunstâncias concretas justificadoras do pedido, como as atividades exercidas e os critérios pessoais, especialmente os que demonstrem indícios de riscos potenciais à vida, à incolumidade ou à integridade física, própria ou de terceiros".

O art. 24 do Decreto nº 11.615/2023 cuida da validade do Craf e, com relação aos caçadores excepcionais, atiradores esportivos e colecionadores, reduziu o prazo anteriormente vigente para a renovação do documento para três anos (inciso I).

Ainda, o art. 32 do Decreto em comento, na linha do sedimentado pelo STF no julgamento das ações de controle concentrado de constitucionalidade, proibiu a concessão de Craf e CR a indivíduos menores de 25 anos para as atividades de colecionamento e caça excepcional, bem como vedou a prática de tiro desportivo a menores de 14 anos.

Mantendo providência anteriormente tomada com a edição do Decreto nº 11.366/2023, estabeleceu-se regra impeditiva do transporte das armas de fogo, ainda que o "sujeito CAC" seja autorizado mediante guia de tráfego e porte de trânsito, de armas de fogo municiadas (art. 33, § 1º).

Sobre a guia de tráfego, o § 2º sedimentou disciplina de suma importância: "porte de trânsito terá validade em trajeto preestabelecido, por período predeterminado, e de acordo com a finalidade declarada no registro correspondente, na forma estabelecida pelo Comando do Exército".

Apesar de, numa primeira análise, a norma conter comando um tanto quanto óbvio – tendo em vista a especificidade das atividades exercidas pelos CACs, os quais não estão (e jamais estiveram) autorizados a portar as armas de fogo adquiridas, salvo no trajeto entre a residência e o local onde haverá a caça ou a prática de tiro esportivo –, é alarmantemente comum, no cotidiano forense, deparar-se com situações de pessoas processadas criminalmente porque, embora tivessem armas de fogo por se enquadrarem como CACs, entendiam estarem autorizadas a portar o armamento indiscriminadamente.

A título ilustrativo, confira-se recente julgado proferido pela colenda 15ª Câmara de Direito Criminal do TJSP:

---

[26] "Art. 84. Compete privativamente ao Presidente da República: [...] IV – sancionar, promulgar e fazer publicar as leis, bem como expedir decretos e regulamentos para sua fiel execução."

> Apelação criminal. Sentença pela qual foi o réu condenado pela prática do crime de porte ilegal de arma de fogo (art. 14, *caput*, da Lei nº 10.826/2003) e absolvido pelo crime de disparo de arma de fogo (art. 15, *caput*, da Lei nº 10.826/2003). Apelo defensivo, com pleito de absolvição no tocante ao crime de porte ilegal de arma de fogo, por atipicidade da conduta. Não acolhimento. Réu que, embora possuísse autorização para manejo e controle de fauna invasora por meio de caça com utilização de arma de fogo, portou e levou consigo a arma em um evento de inauguração de um bar, com número considerável de pessoas. Utilização em desconformidade com a autorização expedida pela autoridade competente. Conduta típica e ilícita. Condenação e penas mantidas. Regime inicial fixado de acordo com o regramento legal. Substituição da pena por restritiva de direitos que era mesmo cabível na hipótese. Sentença mantida. Recurso desprovido (TJSP, Apelação Criminal 1500325-43.2021.8.26.0622, rel. Christiano Jorge, 15ª Câmara de Direito Criminal, j. 28.02.2023).

De todo modo, a situação acima retratada não se confunde com a do indivíduo – caçador excepcional, atirador esportivo ou colecionador – que é abordado enquanto transporta arma de fogo devidamente cadastrada e registrada da sua residência ao local onde autorizado o manejo do armamento, porém sem portar a guia de trânsito da arma de fogo, por ter, simplesmente, esquecido tal documento. Nesse caso, compreendemos existir mera irregularidade e, por conseguinte, não restar configurado o crime de porte ilegal de arma de fogo.

O STJ, em idêntico sentido, já decidiu:

> Agravo regimental no agravo regimental no recurso em *habeas corpus*. Art. 14 da Lei nº 10.826/2003. Ausência do porte da guia de trânsito da arma de fogo de colecionador. Atipicidade da conduta. Agravo regimental desprovido. 1. É atípica a conduta de colecionador, com registro para a prática desportiva e guia de tráfego, que se dirigia ao clube de tiros sem portar consigo a guia de trânsito da arma de fogo. 2. Agravo regimental desprovido (AgRg no AgRg no RHC 148.516/SC, rel. Min. Joel Ilan Paciornik, 5ª Turma, j. 09.08.2022, *DJe* 15.08.2022).

Igualmente interessante a esta obra é a disciplina contida nos arts. 36 e 37, *caput* e seus incisos, do Decreto nº 11.615/2023, os quais preveem as quantidades de armas de fogo e munições que podem ser adquiridas por atiradores esportivos[27], muito inferiores àquelas autorizadas pelo Decreto nº 9.846/2019.

---

[27] "Art. 36. Para fins de aquisição de armas de fogo, ficam estabelecidos os seguintes limites: I – atirador de nível 1 – até quatro armas de fogo de uso permitido; II – atirador de nível 2 – até oito armas de fogo de uso permitido; e III – atirador de nível 3 – até dezesseis armas de fogo, das quais até quatro poderão ser de uso restrito e as demais serão de uso permitido. Art. 37. O atirador desportivo poderá adquirir, no período de doze meses, as seguintes quantidades de munições e insumos para uso exclusivo no tiro desportivo: I – atirador de nível 1: a) até quatro mil cartuchos por atirador; e b) até oito mil cartuchos por arma .22 (ponto vinte e dois) LR ou SHORT; II – atirador de nível 2: a) até dez mil cartuchos por

No que tange ao quantitativo dos objetos de uso controlado cuja aquisição pelos CACs é autorizada, o novo regramento reproduz sistemática outrora instituída pela Portaria Colog nº 51/2015, a qual, antes das reformas promovidas pelos Decretos publicados em 2019, classificava os atiradores em três níveis de *expertise* e, com base nessa classificação, possibilitava a aquisição de maior ou menor quantidade de armas de fogo e munições.

Relativamente aos caçadores, a nova regulamentação trouxe inovação de suma importância (art. 39). Para obter autorização e o certificado de registro, o indivíduo que entenda se enquadrar como caçador excepcional deverá apresentar ao Comando do Exército "documento comprobatório da necessidade de abate de fauna invasora, expedido pelo Instituto Brasileiro do Meio Ambiente e dos Recursos Naturais Renováveis – Ibama, que indique: a) a espécie exógena; b) o perímetro abrangido; c) a autorização dos proprietários dos imóveis localizados no perímetro a que se refere a alínea *b*; d) as pessoas físicas interessadas em executar a caça excepcional; e e) o prazo certo para o encerramento da atividade", além de especificar qual será a arma de fogo empregada para tal fim, a qual deverá ser apropriada ao abate da espécie invasora.

Ainda nos termos do art. 39, houve mudança substancial na quantidade de armas de fogo e munições que podem ser adquiridas pelos caçadores excepcionais. Se, anteriormente, o art. 3º, I, *b*, e II, *b*, do revogado Decreto nº 9.846/2019 permitia pelos caçadores a aquisição de quinze armas de fogo de uso permitido e mais quinze armas de fogo de uso restrito, o art. 39, III, *a*, do Decreto nº 11.615/2023 permite aos caçadores excepcionais a compra de até seis armas de fogo, das quais duas poderão ser de uso restrito, desde que estas sejam autorizadas pelo Comando do Exército.

Reduziu-se sobremaneira, também, a quantidade de munições que podem ser adquiridas pelos caçadores excepcionais. O art. 4º, § 1º, do Decreto nº 9.846/2019 possibilitava a compra pelos CACs (sem distinção) de até mil unidades de munição, além de insumos para recarga de até dois mil cartuchos para cada arma de fogo de uso restrito e, por outro lado, a aquisição de até cinco mil unidades de munição e insumos para recarga de até cinco mil cartuchos para cada arma de fogo de uso permitido.

Atualmente, nos termos do art. 39, III, *b*, do Decreto nº 11.615/2023, os caçadores excepcionais podem adquirir até 500 munições por ano, para cada arma de fogo.

E os colecionadores não permaneceram isentos das restrições impostas pelo Decreto nº 11.615/2023. Nos moldes da regulamentação anterior, tal categoria

---

atirador; e *b*) até dezesseis mil cartuchos por arma .22 (ponto vinte e dois) LR ou SR; e III – atirador de nível 3: *a*) até vinte mil cartuchos por atirador; e *b*) até trinta e dois mil cartuchos por arma .22 (ponto vinte e dois) LR ou SR."

poderia adquirir o total de cinco armas de fogo de cada modelo, fossem elas de uso permitido ou proibido (art. 3º, I, *a*, e II, *a*, do Decreto nº 9.846/2019). Atualmente, podem possuir uma arma de fogo "de [cada] tipo, marca, modelo, variante, calibre e procedência", desde que observadas as restrições dispostas no § 1º do art. 41 do Decreto nº 11.615/2023[28].

Por outro lado, sensível modificação foi promovida acerca das munições a serem adquiridas pelos colecionadores. Prevê o art. 43 do novo Decreto: "Para cada modelo de arma da coleção, poderão ser colecionadas as munições correspondentes, desde que estejam inertes, com cápsulas deflagradas e sem carga de projeção". Complementa o dispositivo seguinte: "Nas coleções exclusivamente de munições, somente poderá ser colecionado um exemplar ativo, com as mesmas características e inscrições originais".

Como se vê, a redução do quantitativo de armas de fogo e munições que podem ser compradas e possuídas pelos CACs é significativa, demonstrando a intenção, com a edição da nova disciplina regulamentar, de impedir a formação de verdadeiros arsenais pelas pessoas enquadradas em tais categorias.

Enfim, em análise aos diversos regulamentos que buscaram conferir execução ao Estatuto do Desarmamento no que toca à condição dos caçadores, atiradores e colecionadores, não se buscou exaurir o tema, mas sim confirmar conclusão outrora tomada de se tratar de matéria em constante debate e de frequentes alterações, as quais ora mitigam e ora enrijecem o tratamento jurídico conferido a esses grupos de tamanho interesse social e político.

---

[28] "Art. 41. [...] § 1º É vedado o colecionamento de armas de fogo: I – automáticas de qualquer calibre ou longas semiautomáticas de calibre de uso restrito cujo primeiro lote de fabricação tenha menos de setenta anos; II – de mesmo tipo, marca, modelo e calibre em uso nas Forças Armadas; III – químicas, biológicas e nucleares de qualquer tipo ou modalidade; IV – explosivas, exceto se desmuniciadas e inertes, que serão consideradas como munição para colecionamento; e V – acopladas com silenciador ou supressor de ruídos."

CONSIDERAÇÕES SOBRE O ART. 12 DA LEI Nº 10.826/2003: "POSSE IRREGULAR DE ARMA DE FOGO DE USO PERMITIDO"

> *Art. 12. Possuir ou manter sob sua guarda arma de fogo, acessório ou munição, de uso permitido, em desacordo com determinação legal ou regulamentar, no interior de sua residência ou dependência desta, ou, ainda no seu local de trabalho, desde que seja o titular ou o responsável legal do estabelecimento ou empresa:*
>
> *Pena – detenção, de 1 (um) a 3 (três) anos, e multa.*

5.1. BEM JURÍDICO TUTELADO E SUJEITOS ATIVO E PASSIVO

Como já adiantado no capítulo 2, a tipificação em tela tem como escopo a proteção do bem jurídico *segurança pública*.

O sujeito ativo pode ser qualquer pessoa, sem que se exija qualquer condição especial do agente delitivo. Trata-se, pois, de *crime comum*.

O sujeito passivo, por sua vez, é a coletividade, haja vista que a tutela penal recai sobre a proteção de bens jurídicos coletivos, sem que haja vítima certa e determinada. Está-se, pois, diante de *crime vago*.

5.2. ELEMENTARES DO TIPO PENAL

São núcleos do tipo as elementares *possuir* e *manter sob a guarda*. *Possuir* remete ao termo *posse* que, por sua vez, indica "o poder material sobre a coisa; a circunstância de a ter em mãos ou em poder"[1]. Por sua vez, *manter sob guarda* indica a ideia de ter a coisa sob sua vigilância, mesmo sem contato corporal.

---

[1] SILVA, Oscar Joseph de Plácido e. *Vocabulário jurídico*. Atualizadores: Nagib Slaib Filho e Gláucia Carvalho. 28. ed. Rio de Janeiro: Forense, 2010. p. 1057.

Cuida-se de tipo penal misto alternativo (*crime de ação múltipla*), de sorte que muito embora, num caso concreto, seja possível a coexistência das duas condutas incriminadoras, a prática de uma delas já será suficiente para a consumação do delito.

Razão assiste a Guilherme Nucci[2] quando faz ponderada crítica acerca da desnecessidade de a tipificação possuir dois verbos nucleares. Isso porque, como se pode notar, a *manutenção da guarda* pressupõe a *posse*, de modo que melhor seria se o legislador optasse por apenas realizar a construção do tipo penal a partir de único verbo nuclear, qual seja, *possuir*.

Para compreensão dos termos "arma de fogo, acessório ou munição de uso permitido", remetemos o leitor ao capítulo 4, no qual foram detalhados os aspectos técnicos necessários à compreensão da lei em estudo.

Em relação à elementar normativa "em desacordo com determinação legal ou regulamentar", mais uma vez, exige-se, para satisfatória compreensão, a sua complementação.

Conforme já exposto, os graus de restrição dos objetos de uso controlado denotam não somente a maior periculosidade presumida em relação a cada um deles, mas também as exigências necessárias para a aquisição e o registro perante os órgãos competentes. Nesse sentido, preenchidos os pressupostos exigidos pela lei, é possível a obtenção e a posse de arma de fogo em conformidade com determinação legal e regulamentar (portanto, sem caracterizar o crime em comento).

Os requisitos gerais para a aquisição e o registro de armas de fogo são encontrados no art. 4º da Lei nº 10.826/2003[3], assim como no art. 15 do Decreto nº 11.615/2023[4]. Tais pressupostos devem ser comprovados periodi-

---

[2] NUCCI, Guilherme de Souza. Armas. *Leis penais e processuais penais*. 13. ed. Rio de Janeiro: Forense, 2020. v. 2. Item 4.

[3] São eles: (a) "declarar a efetiva necessidade" (*caput*); (b) comprovar "idoneidade, com a apresentação de certidões negativas de antecedentes criminais fornecidas pela Justiça Federal, Estadual, Militar e Eleitoral e de não estar respondendo a inquérito policial ou a processo criminal, que poderão ser fornecidas por meios eletrônicos" (inciso I); (c) apresentar "documento comprobatório de ocupação lícita e de residência certa" (inciso II); e (d) comprovar "[a] capacidade técnica e de aptidão psicológica para o manuseio de arma de fogo, atestadas na forma disposta no regulamento desta Lei" (inciso III).

[4] São eles: (a) ter, no mínimo, 25 anos de idade; (b) apresentar documentação de identificação pessoal; (c) comprovar a efetiva necessidade da posse ou do porte de arma de fogo; (d) comprovar idoneidade e inexistência de inquérito policial ou processo criminal, por meio de certidões de antecedentes criminais das Justiças Federal, Estadual ou Distrital, Militar e Eleitoral; (e) apresentar documento comprobatório de ocupação lícita e de residência certa; (f) comprovar capacidade técnica para o manuseio de arma de fogo, na forma prevista no § 5º; (g) comprovar aptidão psicológica para o manuseio de arma de fogo, atestada em laudo conclusivo fornecido por psicólogo do quadro da Polícia Federal ou por esta credenciado; e

camente, em período não inferior a três anos, por força do art. 5º da Lei nº 10.826/2003, para fins de renovação do registro.

Acresça-se a isso ter sido publicada a Instrução Normativa do Diretor--Geral da Polícia Federal (DG/PF) nº 201/2021[5], que se ocupou de "estabelecer os procedimentos relativos ao Sistema Nacional de Armas – Sinarm; e à aquisição, registro, posse, porte, cadastro e comercialização de armas de fogo e munições". Portanto, além dos pressupostos previstos em lei, é necessária a obediência ao procedimento instituído na Instrução Normativa para a aquisição de uma arma de fogo.

Não se olvidem, ainda, os requisitos específicos que devem ser preenchidos pelos caçadores, atiradores esportivos e colecionadores, estampados nas normas pertinentes do Decreto nº 11.615/2023. Para aprofundamento, remetemos o leitor ao item 4.2.1, no qual há a análise pormenorizada do tratamento jurídico conferido aos CACs.

O indivíduo que adquire uma arma de fogo e obtém o respectivo *certificado de registro*, cumprindo com todos os requisitos elencados na lei e nas determinações regulamentares, pode mantê-la sob sua guarda nas dependências de sua residência ou, ainda, no seu local de trabalho, desde que seja o titular ou o responsável legal do estabelecimento ou da empresa, com fundamento no art. 5º da Lei nº 10.826/2003, regulamentado pelo art. 23, parágrafo único, do Decreto nº 11.615/2023[6], sem, por consequência, cometer qualquer ilícito penal.

O registro da arma de fogo, porém, não autoriza o proprietário a portá--la, isto é, levá-la consigo para fora das dependências de sua residência ou do estabelecimento empresarial do qual é titular. Para isso, é necessária a obtenção de uma *autorização para o porte de arma de fogo*, concedida pela Polícia Federal após autorização do Sinarm aos indivíduos que se enquadrem nas hipóteses previstas no art. 6º da Lei nº 10.826/2003. À evidência, a pessoa que desejar obter a *autorização para o porte de arma de fogo* estará sujeita a maiores exi-

---

(h) apresentar declaração de que a sua residência possui cofre ou lugar seguro, com tranca, para armazenamento das armas de fogo desmuniciadas de que seja proprietário, e de que adotará as medidas necessárias para impedir que menor de 18 anos de idade ou pessoa civilmente incapaz se apodere de arma de fogo sob sua posse ou de sua propriedade, observado o disposto no art. 13 da Lei nº 10.826/2003.

[5] Disponível em: https://bit.ly/4eXWtMc. Acesso em: 7 nov. 2021.

[6] "Art. 23. [...] Parágrafo único. Para fins do disposto no *caput*, considera-se: I – interior da residência ou dependências desta – toda a extensão da área particular registrada do imóvel, edificada ou não, em que resida o titular do registro, inclusive quando se tratar de imóvel rural; II – interior do local de trabalho – toda a extensão da área particular registrada do imóvel, edificada ou não, em que esteja instalada a pessoa jurídica, registrada como sua sede ou filial; III – titular do estabelecimento ou da empresa – aquele indicado em seu instrumento de constituição; e IV – responsável legal pelo estabelecimento ou pela empresa – aquele designado em contrato individual de trabalho, com poderes de gerência."

gências que aquele pretendente apenas do *certificado de registro*, como haveria mesmo de ser.

A título de exemplificação, um advogado-sócio, caso mantenha uma arma de fogo de uso permitido dentro de seu escritório, sem possuir o certificado de registro da arma, praticará o delito do art. 12 do Estatuto do Desarmamento, na medida em que possui o objeto de uso controlado *em desacordo com determinação legal e regulamentar*. Contudo, caso a secretária desse mesmo escritório mantenha arma de fogo de uso permitido em desacordo com as determinações legais, praticará delito diverso, mais grave, no caso do art. 14 do Estatuto do Desarmamento, por não ser titular ou representante legal do estabelecimento.

Cumpre mencionar, ainda, já ter o STF se debruçado sobre o requisito da "efetiva necessidade", disposto no art. 4º da Lei nº 10.826/2003. No julgamento da ADI 6.119/DF, a Corte Constitucional, por maioria de votos, decidiu não ser possível ao Poder Executivo, no exercício do poder normativo regulamentar, criar presunções de necessidade da aquisição de armas de fogo. Consideraram os Ministros, nos termos do voto do relator Ministro Edson Fachin, ser imperativa a demonstração, pelo interessado em obter uma arma de fogo, da concreta necessidade de adquiri-la, bem como o dever do Poder Executivo de estabelecer, por meio dos decretos infralegais, mecanismos fiscalizatórios aptos a permitir a verificação da real necessidade da aquisição pelo sujeito interessado[7].

5.3. ELEMENTO SUBJETIVO DO TIPO

É o dolo, ou seja, a vontade livre e consciente de praticar a conduta. Não há no tipo em análise a necessidade de aferição do chamado *especial fim de agir*, tampouco previsão legal para a punição na forma *culposa*.

5.4. CLASSIFICAÇÃO DOUTRINÁRIA

O crime é *comissivo* (cometido mediante uma ação positiva), de *forma livre* (admite qualquer modo de execução), *comum* (não se exige condição especial do agente delitivo para a consumação), *permanente* (a consumação se protrai no tempo, vide item 5.6.2), *plurissubsistente* (os atos executórios se desdobram em mais de uma conduta) e de *perigo abstrato* (vide item 3.1).

---

[7] O STF fixou a tese hermenêutica de que "a posse de armas de fogo só pode ser autorizada às pessoas que demonstrem concretamente, por razões profissionais ou pessoais, possuírem efetiva necessidade". Disponível em: https://bit.ly/3Zj9fyV. Acesso em: 12 nov. 2024.

5.5. PENA, AÇÃO PENAL E QUESTÕES PROCESSUAIS

A pena cominada ao delito em estudo é de "detenção, de 1 (um) a 3 (três) anos, e multa". Processa-se mediante ação penal pública incondicionada, dispensando-se o oferecimento de queixa-crime pela vítima ou ainda a representação criminal.

A competência para processamento, em regra, é da Justiça Estadual[8], muito embora o bem jurídico tutelado seja a *segurança pública* e o controle de armas fique ao cargo, em regra, de órgãos do âmbito da União, tal como a Polícia Federal e o Exército Brasileiro, bem como a própria instituição do Sinarm pelo Ministério da Justiça.

Em razão de o mínimo da pena em abstrato ser de 1 (um) ano, é possível, em tese e desde que preenchidos os demais requisitos legais, o oferecimento ao acusado do *acordo de não persecução penal* (art. 28-A do CPP), bem como do benefício da *suspensão condicional do processo* (art. 89 da Lei nº 9.099/1995), medidas que obstam a deflagração da ação penal.

A pena cominada ao delito é de detenção, o que impede o seu cumprimento em regime inicial fechado, a teor da literalidade do *caput* do art. 33 do CP. Desse modo, em caso de condenação, o acusado deverá iniciar o cumprimento de sua pena, obrigatoriamente, em regime aberto ou semiaberto, a depender das circunstâncias pessoais e judiciais do agente.

Admite-se, por hipótese, a *substituição da pena privativa de liberdade por restritivas de direitos*, nos termos do art. 44 do CP, assim como a suspensão condicional da pena, desde que verificados os pressupostos elencados no art. 77 do mesmo Código.

5.6. PONTOS CONTROVERTIDOS

5.6.1. Atipicidade em razão de registro vencido de arma de fogo

Questão interessante e atinente à tipicidade objetiva, mais especificamente no que tange à elementar normativa "em desacordo com determinação legal ou regulamentar", diz respeito à tipicidade das condutas de possuir e manter sob sua guarda arma de fogo com registro vencido.

Os prazos de validade dos *Crafs* encontram-se no art. 24 do Decreto nº 11.615/2023: (i) o Craf concedido aos colecionadores, atiradores desportivos

---

[8] Nesse sentido: DELMANTO, Roberto; DELMANTO JR., Roberto; DELMANTO, Fábio M. de Almeida. *Leis penais especiais comentadas*. 3. ed. São Paulo: Saraiva, 2018. p. 890; MARCÃO, Renato. *Estatuto do Desarmamento*. 5. ed. São Paulo: Saraiva, 2021. Capítulo "Posse irregular de arma de fogo de uso permitido", item "Competência".

e caçadores excepcionais vence em três anos; (ii) o Craf concedido às pessoas físicas autorizadas e aos caçadores de subsistência vence em cinco anos; (iii) o Craf concedido a empresas de segurança privada vence em cinco anos; (iv) o Craf concedido aos integrantes da ativa das instituições elencadas no inciso IV do § 1º do art. 7º[9] vence em prazo indeterminado.

Já o procedimento de renovação do Craf está contido nos arts. 25 a 27 do Decreto nº 11.615/2023, nos quais há a previsão de prazo suplementar de 60 dias, contado da notificação recebida por meio eletrônico, para que o proprietário da arma de fogo promova a renovação do Craf ou opte por entregar a arma de fogo à Polícia Federal, mediante o recebimento de indenização, ou transfira o registro a terceiro.

Conquanto a discussão acerca da incriminação da conduta de possuir arma de fogo com o registro vencido já tenha sido polêmica, atualmente se entende ser atípica a prática, afinal "desde que a arma tenha sido registrada pela primeira vez, a não renovação, com pagamento de custos e outros requisitos, representa apenas uma irregularidade administrativa. Afinal, o Estado conhece a referida arma e sabe quem é o responsável por ela"[10].

Ricardo Silvares complementa[11]:

> Vencido o registro, não tendo providenciado o proprietário da arma sua renovação, não haverá o crime do art. 12 do Estatuto e o fato será atípico se a arma for encontrada nas condições descritas no dispositivo legal (posse

---

[9] São os integrantes: a) da Polícia Federal; b) da Polícia Rodoviária Federal; c) das polícias penais; d) dos órgãos dos sistemas penitenciários federal, estaduais ou distrital; e) das polícias civis e dos órgãos oficiais de perícia criminal dos Estados e do Distrito Federal; f) dos órgãos policiais da Câmara dos Deputados e do Senado Federal, a que se referem, respectivamente, o inciso IV do *caput* do art. 51 e o inciso XIII do *caput* do art. 52 da Constituição; g) das guardas municipais; h) da Agência Brasileira de Inteligência; i) dos quadros efetivos dos agentes e guardas prisionais, das escoltas de presos dos Estados e das guardas portuárias; j) dos quadros efetivos dos órgãos do Poder Judiciário que efetivamente estejam no exercício de funções de segurança, na forma prevista em regulamento editado pelo Conselho Nacional de Justiça; k) dos quadros efetivos dos órgãos dos Ministérios Públicos da União, dos Estados e do Distrito Federal e Territórios que efetivamente estejam no exercício de funções de segurança, na forma prevista em regulamento editado pelo Conselho Nacional do Ministério Público; l) dos quadros efetivos da Carreira de Auditoria da Receita Federal do Brasil, composta pelos cargos de Auditor-Fiscal e Analista Tributário, e da Carreira de Auditoria-Fiscal do Trabalho; m) dos membros do Poder Judiciário e do Ministério Público; n) das empresas de segurança privada e de transporte de valores; o) dos quadros efetivos dos órgãos públicos cujos servidores tenham autorização, concedida por legislação específica, para portar arma de fogo em serviço e que não tenham sido mencionados nas alíneas *a* a *m*.

[10] NUCCI, Guilherme de Souza. Armas. *Leis penais e processuais penais*. 13. ed. Rio de Janeiro: Forense, 2020. v. 2. Item 11-A.

[11] SILVARES, Ricardo. Desarmamento – Lei nº 10.826/2003. In: CUNHA, Rogério Sanches et al. *Leis penais especiais comentadas*. 7. ed. São Paulo: JusPodivm, 2024. Capítulo 29. p. 1587.

dentro de casa ou local de trabalho). É que registro houve e os objetivos deste foram cumpridos, não havendo rebaixamento da segurança pública apenas porque expirada sua validade. Trata-se, assim, de infração administrativa, sem reflexos penais.

A ideia central é que não se verifica a presença do elemento subjetivo do tipo (dolo) na conduta do indivíduo que possui ou mantém sob sua guarda, dentro da sua residência ou no estabelecimento empresarial do qual é proprietário, arma de fogo cujo registro se encontre vencido.

Tal entendimento, aliás, já foi referendado e consolidado pelos tribunais superiores, destacando-se o acórdão paradigma publicado no julgamento da APn 686/AP[12] pela Corte Especial do STJ. Nessa ação, concluiu-se, em suma, que a conduta de possuir arma de fogo com registro vencido não vulnera os bens jurídicos tutelados pelo art. 12 da Lei nº 10.826/2003, por se tratar de mera irregularidade administrativa a qual, por conseguinte, recomenda sanções administrativas, mas não penais.

Oportuna a transcrição de trecho do voto condutor do julgamento, lavrado pelo eminente Relator, Ministro João Otávio de Noronha, *in verbis*:

> O art. 12 do Estatuto do Desarmamento afirma que é *objetivamente* típico possuir ou manter sob guarda arma de fogo de uso permitido, em desacordo com determinação legal ou regulamentar, no interior de residência. Entretanto, relativamente ao elemento *subjetivo*, não há dolo do agente que procede ao registro e, depois de expirado prazo, é apanhado com a arma nessa circunstância. Trata-se de uma irregularidade administrativa; do contrário, todos aqueles que porventura tiverem deixado expirar prazo semelhante terão necessariamente de responder pelo crime, o que é absolutamente desproporcional.
>
> Avulta aqui o caráter subsidiário e de *ultima ratio* do direito penal. No caso concreto, além de se afastar da teleologia do objeto jurídico protegido, a saber,

---

[12] "Penal. Art. 12 do Estatuto do Desarmamento. Guarda de arma em residência com registro vencido. Conduta atípica. Ausência de dolo. Art. 16 do mesmo Estatuto. Posse e guarda de munição de uso restrito. Conselheiro equiparado a desembargador. Lei Orgânica da Magistratura e direito a porte de arma para defesa pessoal. Não discriminação na Loman entre munição de uso permitido e de uso restrito. Atipicidade reconhecida. 1. Os objetos jurídicos dos tipos previstos nos arts. 12 (guarda de arma de uso permitido em residência) e 16 (posse de munição de uso restrito) da Lei nº 10.826/2003 – Estatuto do Desarmamento – são a administração pública e, reflexamente, a segurança, incolumidade e paz pública (crime de perigo abstrato). No primeiro caso, para se exercer controle rigoroso do trânsito de armas e permitir a atribuição de responsabilidade pelo artefato; no segundo, para evitar a existência de armas irregulares circulando livremente em mãos impróprias, colocando em risco a população. 2. Se o agente já procedeu ao registro da arma, a expiração do prazo é mera irregularidade administrativa que autoriza a apreensão do artefato e aplicação de multa. A conduta, no entanto, não caracteriza ilícito penal. [...] 6. Denúncia julgada improcedente com fundamento no art. 386, III, do CPP" (APn 686/AP, rel. Min. João Otávio de Noronha, Corte Especial, j. 21.10.2015, *DJe* 29.10.2015).

a administração e, reflexamente, a segurança e paz pública (crime de perigo abstrato), banaliza-se a criminalização de uma conduta em que o agente já fez o mais importante, que é apor seu nome em um registro de armamento, possibilitando o controle de sua circulação.

A discussão, portanto, está há muito superada, sendo pacífico, ao menos no âmbito dos tribunais brasileiros, o entendimento no sentido de que a ausência de renovação de registro de arma de fogo implica mera irregularidade administrativa, inapta a caracterizar o crime de posse ilegal de arma de fogo de uso permitido, tratando-se de irrelevante penal.

5.6.2. Da permanência delitiva e suas consequências

A classificação do delito em análise como *permanente* influencia em algumas questões relevantes, em especial na prisão em flagrante delito, com a consequente possibilidade de busca e apreensão domiciliar sem mandado judicial prévio, bem como na aplicação da lei penal no tempo.

A possibilidade de prisão em flagrante é prevista no art. 301 do CPP e pode ser efetivada por qualquer pessoa do povo. No caso das autoridades policiais e seus respectivos agentes, a realização de tal proceder não se trata de mera faculdade, mas, sim, de um dever.

Como é sabido, o art. 302 do CPP, em seu inciso I, autoriza a prisão em flagrante delito daquele que "está cometendo a infração penal", hipótese doutrinariamente designada de "flagrante real".

Os núcleos do tipo penal em apreço denotam a sua classificação doutrinária como crime permanente (*possuir* e *manter sob guarda*), de modo que, em tese, enquanto durar a permanência – ou seja, enquanto o crime estiver sendo praticado – haverá possibilidade de prisão em flagrante do agente delitivo.

> No mesmo sentido, será possível a realização de busca e apreensão residencial, com escopo de apreender armas, munições e acessórios, sem a necessidade da expedição de mandado judicial, pois o agente que efetuar a busca estará eximido da ilicitude, em razão de sua conduta estar amparada por hipótese autorizadora (flagrante) do art. 5º, XI, da Constituição Federal de 1988, e do art. 23 do Código Penal, o estrito cumprimento do dever legal[13].

Já em relação ao Direito Penal intertemporal, salienta-se que os crimes permanentes têm a consumação protraída (prolongada) no tempo. Assim, é possível que durante a prática delitiva a norma penal seja alterada, situações

---

[13] REIS JR., Almir Santos; SANTOS, Christiano Jorge. Posse ou porte ilegal de arma de fogo de uso restrito – art. 16 da Lei nº 10.826/2003. In: HAMMERSCHMIDT, Denise (coord.). *Crimes hediondos e assemelhados = Heinous crimes*. Curitiba: Juruá, 2020. p. 285-320.

em que haverá, ao menos, duas hipóteses teóricas: na primeira delas, a lei posterior é mais benéfica ao réu e, na segunda, a nova lei lhe é menos favorável.

Poder-se-ia concluir, numa rápida análise, que, no primeiro caso, a lei penal mais benéfica "retroagiria" e, no segundo, haveria ultratividade da lei mais benéfica (isto é, a lei revogada teria incidência na situação). Não é, porém, a conclusão juridicamente mais correta.

Partindo do pressuposto de que o delito em estudo é classificado como permanente, pois sua consumação se prolonga no tempo, então a lei aplicável sempre será a mais nova, ainda que seja desfavorável ao réu. Isso porque a solução de direito intertemporal no caso atrai a regra geral *tempus regit actum*, vale dizer, ao tempo da prática do crime a lei já havia sido alterada (ainda que em desfavor do réu) e, por esse motivo, descaberia se cogitar da ultratividade da lei mais benéfica. Dito de outra forma: se a lei vigente ao tempo da consumação já era a mais gravosa, não haveria falar em retroatividade da nova lei.

Pelas razões ora expostas, consolidou-se entendimento de ser aplicável a lei mais gravosa na segunda situação acima mencionada, sem que haja violação ao princípio da irretroatividade da norma penal mais gravosa em desfavor do acusado[14]. O entendimento foi consolidado, também, em âmbito jurisprudencial, culminando na edição da Súmula 711 do STF[15].

5.6.3. Inaplicabilidade do *princípio da insignificância* em relação às munições apreendidas em pouca quantidade

O chamado *princípio da insignificância* é muito debatido em sede doutrinária e jurisprudencial. De modo geral, é doutrinariamente tratado como "causa supralegal de exclusão da tipicidade", já que o seu reconhecimento, por aqueles que assim entendem, enseja a atipicidade material da conduta.

Em relação ao crime disposto no art. 12 da Lei nº 10.826/2003, há quem entenda ser possível a aplicação do *princípio da insignificância*, especialmente nas hipóteses em que são apreendidos poucos cartuchos ou ainda um só acessório, desacompanhados da arma de fogo.

Nesse sentido é a orientação adotada por Guilherme de Souza Nucci[16]:

---

[14] JUNQUEIRA, Gustavo; VANZOLINI, Patricia. *Manual de Direito Penal*: parte geral. 6. ed. São Paulo: Saraiva, 2020. p. 95.

[15] Súmula 711 do STF: "A lei penal mais grave aplica-se ao crime continuado ou ao crime permanente, se a sua vigência é anterior à cessação da continuidade ou da permanência".

[16] NUCCI, Guilherme de Souza. *Leis penais e processuais penais*. 13. ed. Rio de Janeiro: Forense, 2020. v. 2. p. 44.

Princípio da insignificância: depende do caso concreto, porém, admitimos a sua viabilidade para vários tipos incriminadores previstos nesta Lei. Imagine-se quem guarda um único projétil de arma de fogo como lembrança de um evento ou porque algum parente ou amigo lhe deu há muito tempo. Ainda que se possa sustentar estarem os tipos penais desta Lei calculados em perigo abstrato, seria demasiado apego à força punitiva agir contra esse indivíduo.

Diverge-se, porém, aqui, da aplicação do princípio da insignificância nesses (e em outros) casos.

O dispositivo legal em comento, ao mencionar "acessórios" e "munições", utiliza a conjunção alternativa *ou*, denotando que as condutas de possuir e manter em depósito munição de uso permitido ou acessório de uso permitido também são típicas, inexistindo delimitação de quantidade mínima. É corolário da hermenêutica jurídica que a lei não contém palavras inúteis e a interpretação do texto legal não pode desprezar ou ultrapassar a moldura por ela imposta.

A escolha de tipificar a conduta de quem possui arma de fogo *ou* munição *ou* acessório é legislativa, e descabe aos intérpretes do direito, especialmente aos julgadores, deixar de aplicar o comando legal sem qualquer fundamentação idônea, apenas por entender não se tratar de conduta grave, especialmente em crimes *de perigo abstrato*, nos quais a gravidade e a periculosidade da conduta são presumidas pelo próprio legislador. Aliás, é certo que a valoração de uma conduta como mais ou menos grave exprime juízo essencialmente subjetivo e, por consequência, é incompatível com o Direito Penal, que busca, pela objetividade e legalidade, garantir a segurança jurídica e legitimar as decisões judiciais que resultam na restrição da liberdade dos agentes delitivos.

Nessa toada, embora a gravidade da prática criminosa seja fator a ser considerado na individualização das penas, não deve ser objeto de análise do julgador no momento da aferição da tipicidade da conduta.

Ainda que se concordasse com a aplicação do princípio da insignificância – o que se cogita apenas para viabilizar a discussão –, é evidente que a sua aplicação não serve para descriminalizar condutas em abstrato, mas sim apreciar, à luz do caso concreto, peculiaridades que denotem a mínima ofensividade ao bem jurídico tutelado, a despeito de, formalmente, tratar-se de conduta típica.

Ou seja, mesmo os defensores da aplicação do princípio da insignificância não negam, por exemplo, que a conduta de subtrair coisa alheia móvel seja formalmente típica e ilícita, mas entendem, com base nos elementos colhidos na situação concreta enfrentada, inexistir ofensividade significativa ao bem jurídico tutelado a justificar a persecução penal do indivíduo.

O risco de defender, por exemplo, que a mantença em depósito, em desacordo com determinação legal e regulamentar, de duas munições de uso permitido não constitui crime é oportunizar aos criminosos que passem a se organizar para não ter em depósito mais que dois cartuchos (por exemplo, dividindo os objetos entre várias residências).

Igualmente, observam-se na jurisprudência dos tribunais superiores diversos julgados pelos quais se condiciona a aplicação do princípio da bagatela à inexistência de crime correlato praticado pelo agente delitivo[17]. Respeitado o entendimento, não se pode com ele também concordar.

Nos crimes de perigo abstrato, a lesividade e a periculosidade do ato são presumidas pelo legislador, bastando a mera subsunção da conduta ao tipo penal, evidentemente com a presença do elemento subjetivo do tipo, para a caracterização do crime – daí ser absolutamente desnecessária a demonstração do perigo.

A aferição da lesividade e da periculosidade da conduta de um indivíduo que mantém sob sua guarda uma arma de fogo de uso permitido, a partir da constatação de ser ele investigado pela prática de outros delitos praticados com o emprego do objeto de uso controlado, é contrária à própria essência de um crime de perigo abstrato.

Isso porque a verificação de o suspeito ser ou não incurso em outros delitos equivale, justamente, à apuração do perigo no caso concreto e, portanto, é incompatível com a presunção absoluta de perigo, a qual norteia os tipos penais do Estatuto do Desarmamento. A contradição é patente e não se sustenta, demonstrando se tratar de interpretação jurídica que, mesmo pautada na boa-fé, contribui para aumentar a impunidade, ademais, sem qualquer previsão legislativa a ampará-la.

5.6.4. Arma de fogo desmuniciada

Estará igualmente consumada a infração penal no caso de a arma de fogo possuída pelo agente se encontrar desmuniciada. O legislador não condicionou, para a configuração do crime disposto no tipo penal em estudo, a necessidade de a arma de fogo se encontrar carregada ou mesmo acompanhada de munições. Ao contrário, presume-se que a mera posse ilegal da arma de fogo já oferece perigo para a segurança pública, bem jurídico tutelado pela Lei nº 10.826/2003.

A tipificação de atos preparatórios como forma de combater a criminalidade armada (um dos objetivos do Estatuto do Desarmamento, conforme já exposto) implica a impossibilidade de interpretar as normas penais previstas na lei em exame, de forma a propiciar lacunas indesejáveis à segurança pública.

---

[17] STF, HC 206.977 AgR, rel. Min. Roberto Barroso, 1ª Turma, j. 18.12.2021; STJ, AgRg no HC 743.968/MG, rel. Min. Antonio Saldanha Palheiro, 6ª Turma, j. 20.03.2023; STJ, AgRg no REsp 2.034.540/AC, rel. Min. Reynaldo Soares da Fonseca, 5ª Turma, j. 07.03.2023; STJ, AgRg no AREsp 2.011.523/MT, rel. Min. Joel Ilan Paciornik, 5ª Turma, j. 07.02.2023.

Em idêntico posicionamento, destacam-se as elucidativas contribuições de Ricardo Silvares[18]:

> Entendemos que constitui crime possuir ou manter sob sua guarda armas de fogo de uso permitido, nas condições espaciais do art. 12, ainda que permaneça desmuniciada. É que mesmo nesses casos, o bem jurídico tutelado é atingido, pois há diminuição nos níveis de segurança (ou o bem jurídico é exposto a perigo, para os que entendem ser o delito de tal espécie). Basta pensar que a arma pode ser, a qualquer momento, municiada e depois utilizada, ainda que nos limites da residência ou local de trabalho.

A orientação defendida nesta obra, porém, não é pacífica, embora, ao menos sobre o tema ora tratado, seja majoritária nos âmbitos jurisprudencial[19] e doutrinário[20].

Os defensores da tese de atipicidade na conduta de possuir arma de fogo desmuniciada ignoram não somente a finalidade da lei, mas também a sua própria literalidade, e possibilitam que indivíduos, grupos, associações e organizações criminosas se dividam nas tarefas para burlar o sistema penal e se eximir das penas legalmente atribuídas às infrações cometidas.

Imagine-se a seguinte situação ilustrativa: dois criminosos habituais vizinhos, que atuam em comparsaria, possuem, cada qual, um revólver de uso permitido com os respectivos cartuchos de munição. Para não terem suas condutas tidas como típicas, um deles guarda em sua casa os dois revólveres (sem nenhuma munição), ao passo que o outro mantém em sua residência

---

[18] SILVARES, Ricardo. Desarmamento – Lei nº 10.826/2003. In: CUNHA, Rogério Sanches et al. *Leis penais especiais comentadas.* 7. ed. São Paulo: JusPodivm, 2024. Capítulo 29. p. 1582.

[19] É o entendimento assentado na jurisprudência do STJ: "1. A jurisprudência desta Corte Superior é firme em assinalar que o crime de porte ilegal de arma de fogo de uso permitido é de perigo abstrato. É prescindível, para sua configuração, a realização de exame pericial a fim de atestar a potencialidade lesiva da arma de fogo apreendida, pois é suficiente o simples porte do armamento, ainda que sem munições, em desacordo com determinação legal ou regulamentar, para a caracterização do delito. 2. Não há falar em atipicidade material da conduta atribuída ao réu, porque o simples fato de portar arma de fogo à margem do controle estatal – artefato que mesmo desmuniciado tem potencial de intimidação e reduz o nível de segurança coletiva exigido pelo legislador – caracteriza o tipo penal previsto no art. 14 do Estatuto do Desarmamento" (AgRg no HC 850.526/SC, rel. Min. Rogerio Schietti Cruz, 6ª Turma, j. 18.12.2023, *DJe* 20.12.2023).

No mesmo sentido, já se manifestou o STF: "2. Porte ilegal de arma de fogo de uso permitido é crime de mera conduta e de perigo abstrato. O objeto jurídico tutelado não é a incolumidade física, mas a segurança pública e a paz social, sendo irrelevante estar a arma de fogo desmuniciada" (HC 117.206, rel. Min. Cármen Lúcia, 2ª Turma, j. 05.11.2013).

[20] Em sentido convergente, entendem Guilherme de Souza Nucci (NUCCI, Guilherme de Souza. *Leis penais e processuais penais.* 13. ed. Rio de Janeiro: Forense, 2020. v. 2. p. 31) e César Dario Mariano da Silva (SILVA, César Dario Mariano da. *Estatuto do Desarmamento.* 7. ed. Curitiba: Juruá, 2016. p. 117-118).

os cartuchos de munição, sem as armas. Caso os objetos de uso controlado fossem encontrados pelos órgãos de segurança pública, aplicadas as teses de atipicidade formal e/ou material, nenhum deles seria punido, a despeito de terem efetivamente incorrido nos núcleos do tipo penal (art. 12 da Lei nº 10.826/2003) e oferecido perigo, aferido abstratamente, à segurança pública, razão pela qual se discorda de tal posicionamento.

5.6.5. Arma de fogo inapta a efetuar disparos

Expôs-se anteriormente a posição adotada nesta obra no sentido de ser desnecessária, para a condenação criminal de um indivíduo incurso nos crimes previstos no Estatuto do Desarmamento[21], a realização de perícia em armas de fogo para a comprovação de suas aptidões, notadamente por se tratar de crime de perigo abstrato (vide item 3.1). Essa, aliás, é a posição majoritária adotada pela doutrina e pelos tribunais brasileiros[22].

---

[21] Exceto para o crime de disparo de arma de fogo, o que será mais bem estudado no item 8.6.5.

[22] Em ilustração à posição majoritária, confira-se recente julgamento do STF que, em sede de *habeas corpus*, concedeu a ordem para absolver o paciente/réu da imputação referente ao crime de porte ilegal de arma de fogo de uso permitido (art. 14 da Lei nº 10.826/2003), diante da comprovação, através de perícia técnica, da inaptidão para efetuar disparos: "*Habeas corpus*. Porte de arma de fogo e de munições de uso permitido. Art. 14 da Lei nº 10.826, de 2003. Laudo pericial: demonstração da ineficácia absoluta dos objetos. Crime impossível. Art. 17 do Código Penal. Presunção de potencialidade lesiva afastada. Princípio da legalidade. 1. Não se desconhece que esta Suprema Corte possui o entendimento de que a simples posse ou porte de arma, munição ou acessório de uso permitido (sem autorização e em desacordo com determinação legal ou regulamentar) configura crime previsto na Lei nº 10.826, de 2003, de crime de perigo abstrato, no qual é prescindível a demonstração da efetiva situação de perigo para a sua consumação. 2. Há de se fazer distinção imprescindível. Uma coisa é dizer ser desnecessário o exame pericial para tipificação da conduta relativa ao porte/posse de arma de fogo; outra, completamente diferente, é concluir no sentido da neutralidade do exame pericial (realizado por órgão oficial) demonstrando a ausência completa de potencialidade lesiva. Na primeira situação, prevalece a presunção de potencialidade; na segunda, esta já foi afastada, revelando-se paradoxal a desconsideração. 3. Ainda que se trate de crime de perigo abstrato, se realizado o laudo técnico por perícia oficial, a constatar a ineficácia absoluta da arma de fogo para a realização de disparos e a impossibilidade de deflagração da munição defeituosa, tem-se crime impossível – art. 17 do CP. 4. Conforme ensina abalizada doutrina, 'presumir perigo não significa inventar perigo onde este jamais pode ocorrer', de modo que 'perigo presumido não é sinônimo de perigo impossível'. 5. Se o objeto apreendido não possui aptidão para efetuar disparos, mostra-se equivocado até mesmo denominá-lo arma de fogo, conceituada no Decreto nº 10.030, de 2019, no Anexo III – Glossário. 6. A 'arma de fogo' inapta a efetuar disparos muito mais se aproxima do conceito, constante do decreto supracitado, de simulacro de arma de fogo, cujo porte, como se sabe, não configura crime. 7. Da mesma forma, demonstrado defeito que impede a deflagração dos cartuchos encontrados, a posse destes não configura crime. 8. Surge inviável, sob pena de transgressão ao princípio da legalidade, do qual decorre a taxatividade (art. 5º, XXXIX, da Constituição

Conforme já adiantado naquela oportunidade, entendemos ser típica a conduta de possuir ou portar, de forma ilegal, arma de fogo inapta ao disparo, porquanto irrelevante a aferição de ser gerado concreto perigo ao bem jurídico tutelado para a configuração dos crimes previstos na Lei nº 10.826/2003.

As armas de fogo, munições e acessórios inaptos ao disparo geram perigo e ameaçam gravemente a segurança pública e a paz social, contribuindo com o aumento da criminalidade. Aliás, as armas de fogo inaptas possuem o mesmo grau de periculosidade das armas de fogo desmuniciadas (afinal, nenhum dos dois objetos é capaz, por si só, de disparar munições).

Curiosamente, porém, os tribunais superiores brasileiros e parte significativa da doutrina entendem que as condutas envolvendo as armas de fogo inaptas ao disparo são atípicas, enquanto aquelas envolvendo as armas de fogo desmuniciadas são típicas e devem ser punidas com o rigor da lei penal.

Os defensores do entendimento acima exposto justificam a atipicidade da posse/porte ilegal de arma de fogo inapta ao disparo em, basicamente, dois argumentos: (i) pela ausência de risco ou perigo gerado ao bem jurídico tutelado; e (ii) por se tratar de crime impossível.

A discussão acerca da necessidade de avaliar a intensidade do perigo gerado por tais objetos ao bem jurídico tutelado – segurança pública –, no entanto, parece-nos ser irrelevante e secundária, dada a classificação das infrações penais tipificadas no Estatuto do Desarmamento como crimes de perigo abstrato[23]. Há, com a devida vênia, certa incompatibilidade em avaliar o grau de colocação em risco do objeto jurídico do crime e, de outra face, classificá-lo como crime de perigo abstrato (cuja definição já pressupõe a ausência de aferição da concretude da ameaça ao bem jurídico).

Igualmente, a nosso ver, o argumento de restar configurado crime impossível não prospera. Segundo dispõe o art. 17 do CP, a tentativa é impunível quando, por ineficácia absoluta do meio ou por absoluta impropriedade do objeto, não é possível alcançar a consumação do delito.

Não há que se cogitar da absoluta ineficácia do meio, tal como entende o STJ em alguns de seus julgados[24], porque os delitos tipificados no Estatuto

---

da República), ampliar o alcance do tipo penal para alcançar condutas que não se aderem a ele. 9. A conjuntura dos autos não equivale ao porte de arma de fogo desmuniciada ou desmontada, situações nas quais, embora inviabilizado o uso imediato, tem-se arma de fogo, que, caso montada ou municiada, estaria apta a disparar. 10. Concessão da ordem" (STF, HC 227.219, rel. Min. André Mendonça, 2ª Turma, j. 25.03.2024).

[23] A classificação dos delitos como de perigo abstrato não é unânime no âmbito doutrinário. Para maiores elucidações, recomendamos a leitura do item 3.1.

[24] A título de exemplo: "Agravo regimental no recurso especial. Porte ilegal de arma de fogo. Exame pericial constatando a inaptidão do artefato. Atipicidade. Súmula 568/STJ. Agravo

do Desarmamento, por serem classificados como de perigo abstrato, dispensam a verificação de qualquer resultado para serem consumados. Ausente a necessidade de produzir resultado, torna-se irrelevante a constatação da infalibilidade do meio.

Quanto à impropriedade do objeto, convém tecer considerações. Em primeiro lugar, é preciso distinguir a situação das armas de fogo totalmente defeituosas daquelas parcialmente defeituosa (citem-se, por exemplo, as armas de fogo que demandam adaptação para o seu regular funcionamento). Isso porque não se cogita da *absoluta* impropriedade do objeto se, de qualquer forma, ele funciona e é apto ao arremesso de projéteis.

Apesar disso, em contramão ao que se verifica na doutrina e jurisprudência majoritárias, defende-se nesta obra que, mesmo aquelas armas de fogo cujo funcionamento se encontra integralmente prejudicado, são objetos materiais dos delitos tipificados na Lei nº 10.826/2003, não se configurando o crime impossível.

Consoante anteriormente discorrido, *arma de fogo* é o objeto fabricado para o arremesso de projéteis a partir da força expansiva dos gases, esta gerada pela combustão de um propelente confinado em uma câmara. O fato de uma arma de fogo estar ou não apta ao disparo não desconfigura a sua natureza: ela segue sendo uma arma de fogo, mas agora inapta a arremessar projéteis, respeitado o entendimento daqueles que entendem não mais se tratar de arma de fogo[25].

---

desprovido. 1. A jurisprudência desta Corte Superior é pacífica no sentido de que, para a caracterização do delito previsto no art. 14 da Lei nº 10.826/2003, por ser de perigo abstrato e de mera conduta, e por colocar em risco a incolumidade pública, basta a prática de um dos núcleos do tipo penal, sendo desnecessária a realização de perícia (AgRg no AgRg no AREsp 664.932/SC, rel. Min. Felix Fischer, 5ª Turma, *DJe* 10.02.2017). 2. Na hipótese, contudo, em que demonstrada por laudo pericial a total ineficácia da arma de fogo (inapta a disparar), como no caso dos autos, a jurisprudência desta Corte Superior tem orientado no sentido da atipicidade da conduta perpetrada, diante da ausência de afetação do bem jurídico incolumidade pública, tratando-se de crime impossível pela ineficácia absoluta do meio (REsp 1.451.397/MG, rel. Min. Maria Thereza de Assis Moura, 6ª Turma, *DJe* 01.10.2015). 3. Agravo regimental desprovido" (AgRg no REsp 1.709.398/BA, rel. Min. Reynaldo Soares da Fonseca, 5ª Turma, j. 06.03.2018, *DJe* 14.03.2018).

[25] É o caso de Ricardo Silvares, que discorreu: "Se a perícia constatar que a arma é absolutamente imprestável para a realização de disparos, esta não poderá ser considerada objeto material do delito. *Arma incapaz de disparar não pode ser considerada arma de fogo, nos termos do Decreto nº 10.030/2019.* E se não pode atingir o bem jurídico protegido, trata-se de crime impossível. Mas, lembremos, o art. 17 do CP exige ineficácia *absoluta* do meio, de modo que, mesmo havendo a necessidade e algum procedimento excepcional para a realização do disparo, mas desde que este seja possível, a ineficácia será apenas relativa e, assim sendo, haverá o crime" (SILVARES, Ricardo. Desarmamento – Lei nº 10.826/2003. In: CUNHA, Rogério Sanches et al. *Leis penais especiais comentadas.* 7. ed. São Paulo: JusPodivm, 2024. Capítulo 29. p. 1581) (grifo nosso).

Note-se que caso a impossibilidade de uso da arma de fogo para os fins próprios (disparo de projéteis) ensejasse a sua desnaturação, o próprio Glossário (Anexo III) do Decreto nº 10.030/2019 não conceituaria a arma de fogo obsoleta como "arma de fogo que não se presta ao uso regular, devido à sua munição e aos elementos de munição não serem mais fabricados, por ser ela própria de fabricação muito antiga ou de modelo muito antigo e fora de uso, e que, pela sua obsolescência, presta-se a ser considerada relíquia ou a constituir peça de coleção". Afinal, seria equivocado denominá-la "*arma de fogo* obsoleta", já que tal objeto não se prestaria mais ao seu fim precípuo.

O objeto material dos delitos preconizados no Estatuto do Desarmamento é, justamente, a arma de fogo, seja ela apta ou não a efetuar disparos. Isso porque, conforme amplamente discorrido na parte introdutória desta obra, tutelam-se penalmente os bens jurídicos segurança pública e incolumidade pública, compreendendo, sob a perspectiva legislativa, que o acesso descontrolado da população às armas de fogo contribui para o aumento da criminalidade armada. Rememore-se, como anteriormente exposto, ser a redução da criminalidade armada, indubitavelmente, um dos objetivos perseguidos pelo legislador penal com a tipificação das condutas na Lei nº 10.826/2003.

E, diante de tal ótica, uma arma de fogo inapta ao disparo (repise-se: assim como a arma de fogo desmuniciada) é meio amplamente eficaz para intimidar as vítimas e causar temor a pessoas expostas a tais objetos, os quais são comumente utilizados por criminosos para a prática das mais diversas espécies de ilícitos penais. Ou seja, jamais uma arma de fogo inapta ao disparo poderia ser tida como objeto absolutamente impróprio, porque, a despeito de não mais prestar para o seu fim principal (arremesso de projéteis), segue sendo instrumento eficaz para atingir outros objetivos ilícitos.

Não se alegue que a situação ora retratada seria a mesma de um simulacro de arma de fogo. Diferentemente do simulacro, que se trata de uma réplica ou um brinquedo em forma de arma de fogo, a arma quebrada não deixa de ser arma. Entendemos que a natureza de um objeto não se confunde com o seu fim.

A lógica ora exposta é a mesma que fundamenta a tese por nós adotada, no sentido de ser típica a conduta de possuir/portar arma de fogo desmuniciada, porquanto, nesta obra, adota-se conceito *ampliativo* de arma de fogo.

Para melhor compreensão do nosso posicionamento, faz-se pertinente colacionar trecho da distinta obra *Balística forense*, de Eraldo Rabello, na qual o autor expõe entendimento *restritivo* do conceito de arma de fogo[26]:

> Conceituamos as armas de fogo como sendo exclusivamente aqueles engenhos mecânicos dotados da propriedade de expelir projéteis, nos quais

---

[26] RABELLO, Eraldo. *Balística forense*. 3. ed. Porto Alegre: Sagra DC Luzzatto, 1995. p. 30.

é utilizada, para a projeção destes, a força expansiva dos gases resultantes da combustão da pólvora, estando, pois, situados na categoria das armas de arremesso complexas. [...]

É evidente que nenhum destes três elementos – engenho mecânico, carga de projeção e projétil – isoladamente considerado, corresponde com plenitude à ideia de arma: sob o ponto de vista técnico, apenas quando encarados em conjunto poderão ser admitidos como instrumento cuja finalidade específica seja a de ofender ou ferir. Eles são, por tal motivo, essenciais e interdependentes no que diz respeito à especialização e à correspondência eficaz do conjunto ao fim visado.

Assim, a rigor, uma arma de fogo somente se ajustaria com exatidão ao conceito de arma quando carregada, isto é: quando nela estivessem contidos, de maneira a permitir o uso imediato, a carga de projeção e o projétil (grifo nosso).

Ou seja, se o fundamento utilizado por parte da doutrina pátria para defender a atipicidade da conduta envolvendo arma de fogo inapta ao disparo for a absoluta impropriedade do objeto – porque a imprestabilidade para o arremesso de projéteis desconfiguraria a sua natureza, sob um ponto de vista restritivo da definição jurídica de "arma de fogo" –, haveria verdadeira desconformidade em utilizar razão jurídica diversa para considerar típica a conduta de portar arma de fogo apta ao disparo, mas desacompanhada de munições. Não há como aceitar, numa análise científica do Direito Penal, o emprego de definições jurídicas distintas a depender da questão apreciada.

5.6.6. Posse de mais de um objeto de uso controlado

A apreensão de mais de uma arma de fogo de uso permitido, ou ainda uma arma de fogo e várias munições, no mesmo local e em idêntico contexto fático, configura um único crime do art. 12 da Lei nº 10.826/2003, porquanto a ação é una, com único desígnio, e oferece uma só ameaça ao bem jurídico tutelado.

Como bem assinalado por César Dario Mariano da Silva[27], conquanto se trate de crime único, o juiz poderá utilizar da quantidade de objetos materiais apreendidos na posse do agente para exasperar as penas-base na primeira fase da dosimetria, por denotar maior reprovabilidade da conduta, nos moldes do art. 59 do CP.

Distinta, porém, é a circunstância da posse de armas de fogo, munições e acessórios de categorias distintas (umas de uso permitido e outras de uso restrito, por exemplo), quando, então, o agente delitivo responderá por mais

---

[27] SILVA, César Dario Mariano da. *Estatuto do Desarmamento*. 7. ed. Curitiba: Juruá, 2016. p. 124.

de uma infração penal (*e.g.*, arts. 12 e 16 da Lei nº 10.826/2003), como regra em concurso formal de crimes. Em idêntico sentido:

> Agravo regimental no *habeas corpus*. Posse irregular de *munição de uso permitido, e posse de arma de fogo de uso restrito* (art. 12 e art. 16, § 1º, IV, ambos da Lei nº 10.826/2003). Pleito de reconhecimento da *consunção* entre os crimes de posse irregular de munição de uso permitido e de posse de arma de fogo de uso restrito. Os tipos penais dos arts. 12 e 16 da Lei nº 10.826/2003 tutelam bens jurídicos diversos, ainda que perpetrados no mesmo contexto fático. Precedentes desta Corte. Agravo regimental não provido. 1. Consoante orientação jurisprudencial, deve ser aplicado o *concurso formal*, quando apreendidas armas ou munições de uso permitido e restrito em um *mesmo contexto fático*, pois são *infringidos tipos penais distintos, que tutelam bem jurídicos diversos, no tocante aos delitos previstos no art. 12,* caput, *e no art. 16 daquele diploma legal* – o qual, além da paz e segurança públicas, também protege a seriedade dos cadastros do Sistema Nacional de Armas. Precedentes. 2. Agravo regimental não provido (STJ, AgRg no HC 844.637/SC, rel. Min. Reynaldo Soares da Fonseca, 5ª Turma, j. 22.08.2023, *DJe* 28.08.2023) (grifo nosso).

> Apelação criminal. Tráfico de drogas. Posse irregular de arma de fogo de uso permitido com numeração suprimida. Sentença condenatória. Recurso defensivo. [...] Redução da pena-base do crime do art. 16, § 1º, IV, da Lei nº 10.826/2003. Embora correta a majoração em razão da culpabilidade extraordinária, deve ser afastado o aumento por ser o acusado, supostamente, usuário de drogas, bem como em decorrência da consunção do art. 12 da Lei nº 10.826/2003. *Os crimes dos arts. 12 e 16 do Estatuto do Desarmamento tutelam bens jurídicos distintos, porque o último protege, além da paz e da segurança públicas, a seriedade do registro no Sistema Nacional de Armas. Impossibilidade de reconhecimento de crime único, ainda que apreendidas munições de uso permitido e arma de fogo de uso permitido com numeração suprimida na mesma oportunidade.* Precedentes do e. Superior Tribunal de Justiça. No entendimento deste relator, *era o caso de ter sido reconhecido o crime do art. 12 da Lei nº 10.826/2003 em concurso material de delitos com o art. 16, § 1º, IV, da Lei nº 10.826/2003* e com o art. 33, *caput*, da Lei nº 11.343/2006, porém, tendo em vista que o acusado foi absolvido do delito de posse ilegal de munição de uso permitido, e ante a ausência de recurso ministerial e vedação da *reformatio in pejus*, mantenho a absolvição, mas afasto, também, o aumento da primeira fase do crime do art. 16, § 1º, IV, da Lei nº 10.826/2003 pela apreensão das munições. Pena-base do crime do art. 16, § 1º, IV da Lei nº 10.826/2003 corrigida para 3 (três) anos e 6 (seis) meses de reclusão, e pagamento de 11 (onze) dias-multa, no piso. [...] Sentença reformada. Recurso parcialmente provido TJSP, Apelação Criminal 1500689-50.2022.8.26.0599, rel. Christiano Jorge, 15ª Câmara de Direito Criminal, j. 22.09.2023) (grifo nosso).

Contudo, a questão relativa à inaplicabilidade do princípio da consunção para sanar conflito aparente de normas quando apreendidas, no mesmo contexto fático, armas de fogo, munições e acessórios de classificações distintas também encontra divergência entre os estudiosos, tal como Ricardo Silvares, que discorre: "Diversa deveria ser a solução no caso de ambas as armas serem encontradas no interior da mesma residência: o crime mais grave, referente à arma com numeração raspada, deveria absorver o previsto no art. 12"[28].

5.6.7. Munição deflagrada

Compreendemos que a conduta de possuir/portar munição deflagrada não constitui os crimes do Estatuto do Desarmamento, porque, diferentemente do que ocorre com a arma de fogo inapta, uma munição deflagrada corresponde, tão somente, a um estojo (normalmente) metálico, desprovido de projétil, com a espoleta gasta ou picotada. Não é, pela definição técnica, munição propriamente dita.

De acordo com os técnicos ensinamentos contidos no *Manual de armamento e manuseio seguro de armas de fogo*, elaborado pelo TJAM[29]:

> O cartucho para arma de defesa contém um tubo oco, geralmente de metal, com um propelente no seu interior; em sua parte aberta fica preso o projétil e na sua base encontra-se o elemento de iniciação. Este tubo, chamado estojo, além de unir mecanicamente as outras partes do cartucho, tem formato externo apropriado para que a arma possa realizar suas diversas operações, como carregamento e disparo.
>
> O projétil é uma massa, em geral de liga de chumbo, que é arremessada à frente quando da detonação, é a única parte do cartucho que passa pelo cano da arma e atinge o alvo.
>
> Para arremessar o projétil é necessária uma grande quantidade de energia, que é obtida pelo propelente, durante sua queima. O propelente utilizado nos cartuchos é a pólvora, que, ao queimar, produz um grande volume de gases, gerando um aumento de pressão no interior do estojo, suficiente para expelir o projétil.

Para além da conceituação exposta, sob ótica nenhuma uma munição deflagrada contribui para o aumento da criminalidade armada ou oferece risco à segurança e à incolumidade públicas, tornando-se, assim, absolutamente desproporcional a responsabilização criminal de um indivíduo que guarda consigo tal objeto, por inexistir mínima ameaça ao bem jurídico tutelado, ainda que aferida abstratamente. Dessa forma já se decidiu:

> Apelação criminal. Sentença condenatória. Tráfico de drogas, associação para o tráfico e posse irregular de arma de fogo de uso permitido (arts. 33, *caput*,

---

[28] SILVARES, Ricardo. Desarmamento – Lei nº 10.826/2003. In: CUNHA, Rogério Sanches et al. *Leis penais especiais comentadas*. 7. ed. São Paulo: JusPodivm, 2024. Capítulo 29. p. 1592.

[29] TJAM. *Manual de armamento e manuseio seguro de armas de fogo*. Manaus/AM, 2012. Disponível em: https://bit.ly/4gigMF7. Acesso em: 16 jun. 2024.

e 35, ambos da Lei nº 11.343/2006 e 12 da Lei nº 10.826/2003). Insurgência defensiva. Provimento parcial. [...] Crime do art. 12 da Lei nº 10.826/2003. Teses de ausência de materialidade e de atipicidade material que se afiguram corretas. Laudo pericial pelo qual se demonstrou a natureza dos estojos de cartuchos de munição encontrados, de uso permitido, porém sem espoleta, sem pólvora e sem projéteis. Portanto, os objetos apreendidos não se constituem como objetos materiais de delito algum, pois não caracterizam a elementar munição. Ausência de potencialidade lesiva dos artefatos. Absolvição que se impõe. [...] Apelo provido em parte (TJSP, Apelação Criminal 1500368-53.2022.8.26.0554, rel. Christiano Jorge, 15ª Câmara de Direito Criminal, Foro de Rio Grande da Serra – Vara Única, j. 22.04.2024)[30].

Convém registrar, de todo modo, ser de rara verificação prática a hipótese em que se apreendem somente munições deflagradas, desacompanhadas de armas de fogo ou de outras munições intactas e aptas a serem disparadas. E, evidentemente, nesses casos (em que as munições são apreendidas junto com outros objetos de uso controlado) não há falar em atipicidade da conduta, devendo o possuidor ser responsabilizado penalmente pela posse dos demais objetos, desde que, é claro, os esteja possuindo de maneira ilegal.

---

[30] Acórdão publicado no *Repertório de jurisprudência da Seção de Direito Criminal do Tribunal de Justiça do Estado de São Paulo – julgados selecionados pelos magistrados nas sessões de julgamento*, compilado pelo Centro de Apoio da Seção de Direito Criminal (CADICRIM/TJSP), edição de abril de 2024. Disponível em: https://bit.ly/3VpDNOC. Acesso em: 21 jun. 2024.

CONSIDERAÇÕES SOBRE O ART. 13 DA LEI Nº 10.826/2003: "OMISSÃO DE CAUTELA"

> *Art. 13.* Deixar de observar as cautelas necessárias para impedir que menor de 18 (dezoito) anos ou pessoa portadora de deficiência mental se apodere de arma de fogo que esteja sob sua posse ou que seja de sua propriedade:
> Pena – detenção, de 1 (um) a 2 (dois) anos, e multa.
> Parágrafo único. Nas mesmas penas incorrem o proprietário ou diretor responsável de empresa de segurança e transporte de valores que deixarem de registrar ocorrência policial e de comunicar à Polícia Federal perda, furto, roubo ou outras formas de extravio de arma de fogo, acessório ou munição que estejam sob sua guarda, nas primeiras 24 (vinte quatro) horas depois de ocorrido o fato.

6.1. BEM JURÍDICO TUTELADO E SUJEITOS ATIVO E PASSIVO

A norma penal busca proteger a *segurança* e a *incolumidade públicas* e, sobre esses bens jurídicos, remetemos o leitor ao capítulo 2. Há, contudo, um terceiro bem jurídico cuja tutela se busca com a tipificação da conduta prevista no *caput* do dispositivo legal em estudo: a *integridade* das *crianças*, dos *adolescentes* e das *pessoas com deficiência mental*.

A ideia central é proteger, em maior grau, as pessoas que se encontram em condição peculiar de desenvolvimento (crianças e adolescentes) e aquelas que, por algum motivo, possuem o discernimento incompleto ou afetado (definidas no Estatuto como deficientes mentais). A norma penal retira seu fundamento de validade da Constituição Federal, nos inúmeros dispositivos em que são assegurados os direitos das pessoas com deficiência, das crianças e dos adolescentes aqui considerados como mais vulneráveis aos perigos decorrentes do manuseio indevido de armas de fogo, por exemplo.

Ainda, o tipo penal encontra-se em consonância com os deveres do Estado, da família e da sociedade de garantir os direitos à vida e à integridade física das crianças, dos adolescentes e das pessoas com deficiência, nos moldes do art. 8º da Lei nº 13.146/2015 e do art. 4º da Lei nº 8.069/1990.

Trata-se de *crimes próprios*, pois exigem uma condição especial do agente delitivo, que deve ser necessariamente possuidor ou portador da arma de fogo e que tenha no local onde se encontra sua arma (frequentemente ou circunstancialmente, as pessoas aqui ditas mais vulneráveis aos perigos) para incorrer na infração prevista no *caput*. No parágrafo único, a restrição é maior: somente pode praticar o crime o *proprietário* ou *o diretor responsável de empresa de segurança e transporte de valores* que tiver arma de fogo ou munição sob sua guarda.

O sujeito passivo, por sua vez, é a coletividade (*crime vago*) e, também, no caso do delito previsto no *caput*, a criança, o adolescente ou a pessoa com deficiência mental.

Destaque-se que o tipo penal disposto no *caput* não exige qualquer relação de subordinação, de guarda, tutela ou curatela do agente delitivo com a pessoa com deficiência ou com o menor de 18 anos para ser consumado.

6.2. ELEMENTARES DO TIPO PENAL

Diferentemente dos demais crimes previstos no Estatuto do Desarmamento, o art. 13, *caput*, prevê um único núcleo do tipo: *deixar de observar* as cautelas necessárias. Crime omissivo, portanto. Pune-se o agente que, mesmo tendo conhecimento dos cuidados exigidos para possuir e portar de forma legal uma arma de fogo, deixa de obedecê-los.

A falta de cautela do agente delitivo deve ser dirigida à *arma de fogo*, objeto material do delito em exame. Não se subsume ao tipo penal em apreço a conduta do sujeito que, por não obedecer às cautelas necessárias, viabiliza que criança, adolescente ou pessoa com deficiência mental se apodere de *munição* ou *acessório* de arma de fogo.

Entende-se por *cautelas necessárias* a tomada de medidas com o escopo de tornar dificultoso o acesso à arma de fogo. Nesse sentido, o Decreto nº 11.615/2023, em seu art. 15, VIII, exige do interessado na aquisição de arma de fogo de uso permitido a demonstração, através de declaração, de que "a sua residência possui cofre ou lugar seguro, com tranca, para armazenamento das armas de fogo desmuniciadas de que seja proprietário, e de que adotará as medidas necessárias para impedir que menor de dezoito anos de idade ou pessoa civilmente incapaz se apodere de arma de fogo sob sua posse ou de sua propriedade, observado o disposto no art. 13 da Lei nº 10.826, de 2003"[1].

---

[1] Há de se observar que embora o art. 15, VIII, do Decreto nº 11.615/2023 preveja a necessidade de apresentação da mencionada declaração pelo interessado em adquirir a arma de

Apesar da desatualizada designação conferida às pessoas com deficiência mental – afinal, pelo Estatuto da Pessoa com Deficiência, são dotadas de capacidade civil –, passou-se a exigir do possuidor e do portador de arma de fogo a guarda do objeto desmuniciado e em local seguro, com tranca.

Conquanto o *caput* do art. 15 do Decreto nº 11.615/2023 especifique se tratar de requisitos para a posse (aquisição) de arma de fogo de uso permitido, por mais razão tais cautelas devem ser exigidas dos possuidores e portadores de armas com graus mais elevados de restrição.

Exemplificando, não se vincula a conduta aos moldes da documentação assinada no ato do pedido de registro de arma de fogo que se pretende adquirir, todavia. Em circunstância tal que o indivíduo autorizado a portar arma encontre-se circunstancialmente em local desprovido de cofre ou de gaveta ou armário com tranca, não configurará o crime deixar a arma sobre um alto guarda-roupas em quarto cujo ingresso seja vedado a crianças ali presentes, por exemplo. Isso pode se dar, a título de ilustração, se uma pessoa com direito a portar arma (como um policial) for armado à casa de um parente que possua filhos pequenos. Inviabilizado o porte constante junto a seu corpo e sendo a residência um local modesto, sem cofre ou dotado de gavetas ou armários chaveados, não cometerá o crime aquele agente público que deixar sua pistola em local de difícil acesso aos "vulneráveis" (pelo Estatuto do Desarmamento), mantendo-os sob vigilância ou controle.

O art. 13, parágrafo único, da Lei nº 10.826/2003, por sua vez, traz a forma equiparada do delito rubricado como "omissão de cautela". O núcleo do tipo previsto no parágrafo único do art. 13 consubstancia-se na conduta omissiva de *deixar de registrar ocorrência policial e deixar de comunicar à Polícia Federal*, nas primeiras 24 horas, sobre furto, roubo ou qualquer forma de extravio de arma de fogo, acessório ou munição que se encontrava sob sua guarda.

Autoriza-se a interpretação analógica da norma a partir da expressão "ou qualquer forma de extravio", motivo pelo qual não será necessário, obrigatoriamente, que a subtração da arma de fogo ocorra em um contexto criminoso.

---

fogo, "observado o disposto no art. 13 da Lei nº 10.826/2003", a ausência de apresentação da declaração não configura a prática do crime de omissão de cautela, porque não é esta a conduta incriminada pelo tipo penal. A remissão da norma legal pela norma regulamentar deve ser interpretada como forma de uniformizar e sistematizar o ordenamento jurídico no que tange à matéria atinente às armas de fogo. Nesse aspecto, com razão Ricardo Silvares, ao afirmar que "a declaração não poderia ser considerada a 'cautela necessária prevista no tipo do art. 13 do Estatuto; tampouco a falta da declaração poderia ser considerada ausência de cautela; a cautela seria o ato de providenciar que na moradia houvesse cofre ou local seguro com tranca para armazenamento da arma, de modo a impedir que menor de 18 anos ou pessoa portadora de deficiência mental dela se apoderasse" (SILVARES, Ricardo. Desarmamento – Lei nº 10.826/2003. In: CUNHA, Rogério Sanches et al. *Leis penais especiais comentadas*. 7. ed. São Paulo: JusPodivm, 2024. Capítulo 29. p. 1595-1596).

Outrossim, diferentemente do *caput* do art. 13, a conduta tipificada no parágrafo único engloba os três objetos materiais: arma de fogo, munições e acessórios.

Embora não se ignore a divergência existente sobre o tema[2], entendemos ser necessário, por parte do proprietário ou do diretor responsável pela empresa de segurança e transporte de valores, que deixe de registrar a ocorrência *e* deixe de comunicar à Polícia Federal, para que incorra no crime em estudo.

Essa interpretação não somente decorre da interpretação literal (ou gramatical) da norma, ao optar pela conjunção aditiva *e*, mas também da interpretação sistemática e principiológica do Direito Penal. Afinal, não é razoável, à luz do princípio da fragmentariedade, punir um indivíduo que efetivamente comunica o extravio da arma de fogo às autoridades, embora não o faça duplamente[3].

6.3. ELEMENTO SUBJETIVO DO TIPO

Exige-se o dolo para a configuração do crime previsto no *caput* e, também, para a forma equiparada (parágrafo único), a despeito de não se ignorar a existência de orientação doutrinária majoritária em sentido diverso (ao menos em relação ao *caput*).

Aqueles defensores de que a conduta do *caput* se trata de crime culposo fundamentam a tese na possibilidade de o agente delitivo, cometendo o ato omissivo com desatenção, viabilizar o acesso de pessoa menor de 18 anos ou pessoa com deficiência à arma de fogo[4].

---

[2] Destacam-se as elucidativas lições de Guilherme de Souza Nucci sobre o assunto: "Ora, se uma arma de fogo, sob sua guarda, toma rumo ignorado, por qualquer razão, é natural exigir-se, para melhor controle do Estado, o registro da ocorrência policial (há relevo para apuração e investigação estatal), porém, seria de se pressupor que, feita aquela comunicação, a Polícia Federal (organismo componente da estrutura estatal) tenha ciência imediata. [...] No entanto, para não configurar a infração penal, o agente tem dupla obrigação: registrar a ocorrência, em qualquer repartição policial estadual (responsável pela investigação), além de, oficialmente, comunicar à Polícia Federal. Pressupõe-se, por óbvio, que se a ocorrência for registrada em delegacia da polícia federal, dispensa-se a comunicação" (NUCCI, Guilherme de Souza. *Leis penais e processuais penais*. 13. ed. Rio de Janeiro: Forense, 2020. v. 2. p. 25).

[3] No mesmo sentido, orientam-se Fernando Capez e Ricardo Silvares, para quem a exigência é alternativa, e não cumulativa, afastando a incidência da norma penal no caso de o proprietário ou diretor responsável registrar o boletim de ocorrência ou comunicar os fatos à Polícia Federal (SILVARES, Ricardo. Desarmamento – Lei nº 10.826/2003. In: CUNHA, Rogério Sanches et al. *Leis penais especiais comentadas*. 7. ed. São Paulo: JusPodivm, 2024. Capítulo 29. p. 1597; CAPEZ, Fernando. *Estatuto do Desarmamento*: comentário à Lei nº 10.826, de 22.12.2003. 3. ed. atual. São Paulo: Saraiva, 2005. p. 85-86).

[4] Nesse sentido: CAPEZ, Fernando. *Estatuto do Desarmamento*: comentário à Lei nº 10.826, de 22.12.2003. 3. ed. atual. São Paulo: Saraiva, 2005. p. 81; SILVA, César Dario Mariano da. *Estatuto do Desarmamento*. 7. ed. Curitiba: Juruá, 2016. p. 96-97; SILVARES, Ricardo.

Não se pode ignorar, porém, que a conduta omissiva pode, de igual modo, ser praticada na forma dolosa, isto é, o sujeito, ciente das cautelas necessárias ao armazenamento da arma de fogo, deixa de tomá-las com a intenção de que o objeto seja acessado de maneira facilitada pela criança, pelo adolescente ou pela pessoa com deficiência. A nosso ver, de forma nenhuma o tipo penal em comento, essencialmente doloso, pode ser confundido com aquele previsto no art. 16, § 1º, V, da Lei nº 10.826/2003, ponto que será mais bem aprofundado no item 6.6.4.

Diante da possibilidade de concepção do cometimento (na prática) dos crimes de omissão de cautela nas formas dolosa e culposa – e estando ausente qualquer indicação legal de punição do delito nesta –, deve prevalecer o entendimento de se tratar de crime exclusivamente *doloso*, em prestígio, inclusive, ao princípio da excepcionalidade do crime culposo, consubstanciado no art. 18, parágrafo único, do CP, ou seja, para que um crime exista formalmente na modalidade culposa, é preciso que esteja tal previsão expressa no tipo penal ou, no mínimo, que a conduta descrita na norma seja nitidamente caracterizada pela prática imprudente, negligente ou (se caso for) imperita. E, tanto na conduta do *caput* quanto no comportamento humano descrito no parágrafo único do art. 13, o legislador assim não especificou.

Repita-se: não houve expressa previsão de conduta culposa e, portanto, o crime omissivo só é admitido em sua modalidade dolosa.

De igual forma, o proprietário de empresa de transporte de valores pode, ciente do furto de uma arma de fogo que se encontrava sob sua guarda, optar, de forma consciente e voluntária, por não o informar à Polícia Federal e não registrar boletim de ocorrência. Nesse caso, ocorre a subsunção do fato à norma. Em outras palavras, cometerá o crime.

Ademais, orientamo-nos no sentido de que o prazo de 24 horas para consumação do delito previsto no art. 13, parágrafo único, da Lei nº 10.826/2003 deve ser computado a partir da efetiva ciência do agente delitivo quanto ao cometimento do crime. Entender de forma contrária possibilitaria a responsabilização objetiva do agente (sem dolo ou culpa), pois seria punido por fato que sequer chegou ao seu conhecimento.

A título ilustrativo, pode-se conceber a situação do proprietário de uma empresa de transporte de valores que tem sob sua guarda uma arma de fogo, armazenada num cofre localizado dentro de seu escritório. Num certo dia, um funcionário se aproveita da ausência do chefe e utiliza de mecanismo para burlar o sistema de segurança do cofre, subtraindo a arma de fogo e fechando-o em seguida.

Desarmamento – Lei nº 10.826/2003. In: CUNHA, Rogério Sanches et al. *Leis penais especiais comentadas*. 7. ed. São Paulo: JusPodivm, 2024. Capítulo 29. p. 1598.

À evidência, exigir do proprietário, que comunique as autoridades competentes 24 horas após o cometimento do crime, a despeito de não possuir ele conhecimento da subtração, ensejaria, inevitavelmente, a sua responsabilização objetiva, pois sequer teve a oportunidade de tomar as providências da Lei nº 10.826/2003 que lhe são exigidas para não incorrer no crime previsto no art. 13, parágrafo único.

O mesmo se diga de um sócio-proprietário ou de um diretor de uma grande empresa de segurança. Evidentemente, em havendo armarias com centenas de armamentos ou armas espalhadas em diversos pontos de serviço onde empregados seus (os ditos seguranças particulares) exercem suas atividades de vigilância armada, o dito proprietário da empresa de segurança ou o diretor sequer estarão no local. Logo, como saber que um revólver calibre .38 foi subtraído em meio a centenas de outros semelhantes de uma grande armaria, se o crime se deu às ocultas?

A questão, todavia, não é pacífica em âmbito doutrinário. Fernando Capez compreende que a consumação do crime previsto no art. 13, parágrafo único, do Estatuto do Desarmamento ocorre "no momento em que se exaure o prazo de vinte e quatro horas da ocorrência do fato, sem que o diretor ou responsável pela empresa tome qualquer providência". A fim de contornar a possibilidade de ser o agente delitivo responsabilizado objetivamente (isto é, sem a aferição do elemento subjetivo do tipo penal – dolo ou culpa), o renomado autor discorre[5]:

> A omissão culposa, no caso, se o sujeito, por negligência, não percebe que houve a subtração, também constituirá um irrelevante penal, ante a falta de previsão expressa (cf. CP, art. 18, parágrafo único). Convém notar não ser raro que o diretor ou proprietário somente tome conhecimento da perda ou furto do objeto muito tempo depois. Ainda que o desconhecimento, e a consequente omissão, tenha sido obra da incúria do agente, a ausência de previsão da forma culposa torna a não comunicação do sumiço fato penalmente irrelevante. Há necessidade, portanto, da vontade livre e consciente de não comunicar o fato à autoridade.

Respeitada a orientação, entende-se mais adequado o cômputo do prazo legal a partir da ciência do proprietário ou possuidor da arma de fogo acerca do extravio, porquanto, a nosso ver, não há falar em negligência acerca de conduta não esperada e/ou exigida do agente.

Explica-se. A modalidade de culpa denominada *negligência* "é a inação, a modalidade negativa da culpa (*in omitendo*), consistente na omissão em relação à conduta que se devia praticar. Negligenciar é omitir a ação cuidadosa que

---

[5] CAPEZ, Fernando. *Estatuto do Desarmamento*: comentário à Lei nº 10.826, de 22.12.2003. 3. ed. atual. São Paulo: Saraiva, 2005. p. 85.

as circunstâncias exigem"[6]. Nesse compasso, não é exigido, em nível legal ou regulamentar, que os proprietários ou diretores responsáveis de empresas de segurança e transporte de valores confiram, diariamente, se todas as armas, munições e acessórios estão presentes no cofre do estabelecimento empresarial.

Prosseguindo à análise do elemento subjetivo, tem-se que o tipo penal é de tão má técnica redacional legislativa que sequer possibilita delimitar a que proprietário se refere, viabilizando, igualmente, a responsabilização penal objetiva. Ora, se houver vários sócios-proprietários, cotistas de uma sociedade limitada, todos cometerão o crime? Ou o fato de definir que um deles exerce a gerência ou que um deles assume formalmente (por escrito, perante os órgãos de controle) tal responsabilidade exime os demais? E o que dizer do termo "diretor"?

Será que o "diretor financeiro" ou o "diretor de comunicação institucional", que sequer precisam saber a diferença de um revólver e de uma pistola, responderão criminalmente pela omissão da comunicação? Por óbvio que não se pode responder positivamente a tais questões, sem apuração da conduta de cada qual e, em especial, do elemento subjetivo do tipo.

E insiste-se na questão da necessidade de se tratar de conduta dolosa, porque o proprietário de uma pequena empresa de segurança que, por hipótese, ao saber do furto de uma arma do arsenal, procura apurar o crime internamente e, por esquecimento, deixa de solicitar a elaboração do boletim de ocorrência em 24 horas e de comunicar o fato à Polícia Federal não comete o crime em questão.

O mesmo se diga da conduta daquele diretor que, numa pequena cidade interiorana, por exemplo, ao saber do furto de uma das armas da empresa, comparece à unidade da polícia civil estadual (portanto, não federal) e solicita a elaboração de um boletim de ocorrência, deixando de efetuar a comunicação à Polícia Federal.

Em suma, o crime é cometido pelo responsável legal (nos moldes do artigo acima previsto) da empresa de segurança que, sabedor da subtração, do desvio ou do extravio etc. de uma das armas, desejando omitir tal fato das autoridades policiais ou da Polícia Federal (legalmente designada para controlar o funcionamento das empresas de segurança ou de transporte de valores), seja para preservar sua imagem comercial ou por motivo outro qualquer não justificável legalmente, não efetua (a tempo) a comunicação às polícias (presentes os demais elementos do tipo).

---

[6] MASSON, Cleber. *Direito Penal*: parte geral. 14. ed. Rio de Janeiro: Forense; São Paulo: Método, 2020. v. 1. p. 256.

6.4. CLASSIFICAÇÃO DOUTRINÁRIA

Os crimes em estudo são *omissivos próprios* (ou *omissivos puros*), pois infringe a norma penal o indivíduo que *deixa de tomar cautelas necessárias* ao correto armazenamento da arma de fogo, ou ainda *deixa de informar as autoridades* competentes quanto ao extravio do objeto controlado, isto é, omite-se sobre conduta que deveria tomar.

Trata-se, ademais, de crime de *forma livre* (admite qualquer modo de execução), *próprio* (vide item 6.1), *instantâneo* (a consumação ocorre em momento único), *unissubsistente* (praticado por meio de um só ato) e de *perigo abstrato* (vide item 3.1).

6.5. PENA, AÇÃO PENAL E QUESTÕES PROCESSUAIS

A pena, para ambas as figuras, é de "detenção, de um a dois anos, e multa". Trata-se, assim, de infração de menor potencial ofensivo, atraindo a competência dos Juizados Especiais Criminais e o rito sumaríssimo, disciplinado na Lei nº 9.099/1995. Processam-se, ademais, por meio de ação penal pública incondicionada, como todos os demais crimes do Estatuto do Desarmamento.

Além das denominadas "medidas despenalizadoras" previstas na Lei nº 9.099/1995, são igualmente cabíveis, em tese e desde que preenchidos os demais requisitos, os benefícios processuais já elencados no item 5.5, dado o *quantum* mínimo de pena previsto em abstrato.

6.6. PONTOS CONTROVERTIDOS

6.6.1. Desnecessidade de apoderamento da arma de fogo pelo menor de 18 anos ou pela pessoa com deficiência mental (art. 13, caput, da Lei nº 10.826/2003)

Parte expressiva da doutrina, seguida por parcela da jurisprudência[7], orienta-se pela exigência de que o menor de 18 anos ou a pessoa com deficiência

---

[7] "Apelação. Posse ilegal de arma de fogo de uso restrito. Omissão de cautela. Recurso do Ministério Público. Preliminar. Nulidade da r. sentença. Violação à garantia da motivação. Ausência de fundamentação quanto à absolvição da ré [...]. Mérito. Condenação dos réus nos termos da denúncia. Recurso da defesa. Pleito de absolvição por insuficiência probatória. Ilicitude probatória. Violação à garantia da inviolabilidade do domicílio. Pedido de desclassificação para conduta prevista no art. 12 da Lei nº 10.826/2003. Pedido de absolvição da prática do delito previsto no art. 13 da Lei nº 10.826/2003. Configuração de *bis in idem* em relação ao delito previsto no art. 14 da Lei nº 10.826/2003. [...] 4. *Da omissão de cautela*. *Absolvição que se impõe. Conduta atípica. Exige-se, para a configuração do delito previsto no art. 13 da Lei nº 10.826/2003, além da negligência, o apossamento da arma de fogo pelo menor ou*

se apodere da arma de fogo para a consumação do crime[8]. De nossa parte, o apoderamento do objeto de uso controlado constitui mero exaurimento da conduta, mas não é necessário para a consumação do crime.

O tipo penal especifica como conduta típica e ilícita *deixar de observar as cautelas necessárias para impedir* que o menor ou a pessoa com deficiência mental *se apodere de arma de fogo*. O mero cometimento do ato omissivo enseja a configuração do crime, justamente por se tratar de conduta cujo perigo é presumido pela própria lei penal.

Podemos conceber, como exemplo, a situação de um indivíduo que possui o registro de uma arma de fogo e, ciente de que será celebrada, em sua residência, a festa de aniversário de seu filho de 10 anos de idade, deixa o objeto em cima do sofá, local de livre acesso às crianças que lá estarão. O delito restará verificado, ainda que nenhuma das crianças se apodere, efetivamente, da arma de fogo.

O entendimento ora exposto deriva da própria presunção legal de perigo. Se a ordem jurídica vigente institui diversos requisitos e óbices ao acesso das armas de fogo por pessoas maiores de 18 anos, é absolutamente legítima a exigência do possuidor e do portador que sequer deixe o objeto ao alcance

---

deficiente. A conduta de manter armas em local de fácil acesso à criança/adolescente ou deficiente não é suficiente para subsunção ao tipo penal em epígrafe. 5. Da dosimetria da pena. 5.1. Fixação da pena-base no mínimo legal. 5.2. Possibilidade de substituição da pena privativa de liberdade por uma restritiva de direitos. Fixação do regime aberto. 6. Recurso do Ministério Público em relação à ré [...]. Acolhimento da preliminar de nulidade em razão da violação à garantia da motivação, determinando-se a prolação de nova sentença. Prejudicada a análise do mérito recursal. 7. Recurso do réu [...]. Recurso ministerial desprovido e recurso defensivo parcialmente provido, afastada a preliminar arguida" (grifo nosso) (TJSP, Apelação Criminal 1500062-32.2019.8.26.0573, rel. Marcos Alexandre Coelho Zilli, 16ª Câmara de Direito Criminal, j. 28.04.2021).

[8] "O crime do art. 13, *caput*, consuma-se com o apoderamento da arma por parte do menor de 18 anos ou da pessoa portadora de deficiência mental. O crime é material e, para consumar-se, é necessária a ocorrência do resultado previsto na descrição típica, além do que, sendo culposo o delito, é imprescindível a ocorrência da lesão ao bem jurídico para sua caracterização. Por consequência, a tentativa é impossível: ou o menor de 18 anos (ou a pessoa portadora de deficiência mental) apodera-se da arma ou não haverá o crime em questão" (SILVARES, Ricardo. Desarmamento – Lei nº 10.826/2003. In: CUNHA, Rogério Sanches et al. *Leis penais especiais comentadas*. 7. ed. São Paulo: JusPodivm, 2024. Capítulo 29. p. 1599).

Ainda, de acordo com Guilherme de Souza Nucci: "exige-se, nesse caso, um particular enfoque: embora seja delito unissubsistente, até pelo fato de ser conduta omissiva (deixar de fazer alguma coisa), não se consuma imediatamente após a inação do agente. O preceito primário demanda o apossamento da arma de fogo pelo menor ou deficiente. Logo, se uma arma de fogo é esquecida sobre a mesa, mas inexiste menor ou deficiente que possa alcançá-la, cuida-se de conduta atípica" (NUCCI, Guilherme de Souza. *Leis penais e processuais penais*. 13. ed. Rio de Janeiro: Forense, 2020. v. 2. p. 24).

de crianças, adolescentes e pessoas com deficiência mental, devendo, para isso, tomar as cautelas necessárias.

Deveras, há contrassenso em classificar o crime previsto no art. 13, *caput*, da Lei nº 10.826/2003 como de *perigo abstrato*, mas, ao mesmo tempo, exigir, para a caracterização do delito, a produção de resultado naturalístico (apoderamento do objeto de uso controlado por pessoa menor de 18 anos).

Ora, se a criança, o adolescente ou a pessoa com deficiência mental se apoderou da arma de fogo, então o perigo à integridade física dela e das pessoas ao seu redor se tornou *concreto*. Melhor seria aos defensores da necessidade de apoderamento da arma de fogo, então, que qualificassem o delito como *de perigo concreto*.

Cumpre ressaltar que o tipo penal, na forma como aqui se defende verificar, é de rara constatação, pois somente chegam ao conhecimento do Poder Judiciário as ocorrências em que a omissão de cautela é praticada em concurso com outras infrações penais, ou ainda nos casos em que a omissão de cautela permite a crianças ou adolescentes (no mais das vezes) o acesso direto à arma, ou seja, que eles venham a pegar o armamento. Em outras circunstâncias mais drásticas, chegam mesmo a efetuar disparo(s), o que pode vir a caracterizar delitos outros, notadamente porque, para caracterização do crime, deve ser dolosa a omissão, como já dito.

Não se ignora possa o elaborador da norma ter pretendido punir aquele indivíduo negligente que, a título de exemplificação, por mero desleixo, deixa sua arma de fogo sobre a poltrona da casa habitada por crianças, possibilitando a elas, portanto, o acesso. Mas se foi essa a intenção do legislador, agiu mal sob o prisma técnico-jurídico, e não cabe ao intérprete da lei produzir a hermenêutica penal em contrariedade a seus científicos ditames.

Registre-se que, embora minoritária a posição aqui defendida, ela não é isolada, sendo possível, em nível jurisprudencial, encontrar julgados nos quais se adota orientação similar[9].

---

[9] A título de exemplificação: "É dever daqueles que possuem posse ou porte de arma de fogo agir com zelo para que terceiros não autorizados se apoderem de armas, em especial crianças e adolescentes. Dessa forma, ao deixar a arma ao alcance fácil de duas adolescentes, deixou de observar as cautelas necessárias para impedir que menor de 18 anos se apoderasse de arma de fogo que era de sua propriedade. Cabe destacar, conforme bem ressaltou o ilustre Magistrado, que 'A conduta prevista no art. 13, *caput*, da Lei nº 10.826 pode ser concebida como crime omissivo formal, tendo em vista que *o simples fato de o agente deixar de observar cautelas necessárias para impedir que menor de 18 anos se apodere de arma de fogo que seja de sua propriedade, configura a conduta típica*' (fl. 202)" (grifo nosso) (TJSP, Apelação Criminal 0001762-72.2017.8.26.0352, rel. Roberto Porto, 4ª Câmara de Direito Criminal, j. 07.12.2021).

6.6.2. Deixar de tomar as cautelas necessárias para impedir o acesso de *pessoa inexperiente* à arma de fogo

Conforme já exposto, o tipo penal previsto no *caput* do art. 13 se destina a proteger, além da segurança e da incolumidade públicas, a integridade física dos menores de 18 anos e das pessoas com deficiência mental, pessoas estas contra as quais milita a presunção de serem inexperientes no manejo de armas de fogo, dada a proibição, em regra, de aquisição de arma de fogo por menor de 25 anos, nos moldes do art. 28 da Lei nº 10.826/2003[10].

A despeito disso, também constitui infração penal, na modalidade de contravenção penal, a conduta daquele que, possuindo arma ou munição, "omite as cautelas necessárias para impedir que dela se apodere facilmente alienado, menor de 18 anos *ou pessoa inexperiente* em manejá-la", nos termos do art. 19, § 2º, *c*, do Decreto-Lei nº 3.688/1941.

Note-se que o aludido dispositivo legal foi parcialmente revogado com a edição da Lei nº 9.347/1997, que cominava as penas de "detenção de um a dois anos e multa" ao indivíduo que deixasse de tomar "as cautelas necessárias para impedir que menor de dezoito anos ou deficiente mental se apodere de arma de fogo que esteja sob sua posse ou que seja de sua propriedade, exceto para a prática do desporto quando o menor estiver acompanhado do responsável ou instrutor" (art. 10, § 1º, I, da aludida lei), e, posteriormente, com o advento do art. 13, *caput*, da Lei nº 10.826/2003.

Nenhuma das normas revogadoras, porém, previu como infração penal a conduta de omitir-se quanto às cautelas necessárias para impedir que *pessoa inexperiente* se apodere de arma de fogo. Por essa razão, o art. 19, § 2º, *c*, do Decreto-Lei nº 3.688/1941 segue parcialmente vigente nas hipóteses em que a conduta omissiva se dirige a *pessoa inexperiente*.

6.6.3. Munições e acessórios

O objeto material do crime previsto no art. 13, *caput*, da Lei nº 10.826/2003 é a arma de fogo, consoante já discorrido no item 6.2. Apesar disso, a conduta de se omitir quanto às cautelas necessárias para impedir que o menor de 18 anos, a pessoa com deficiência mental ou ainda a pessoa inexperiente se apodere de *munição* configura a contravenção penal prevista no art. 19, § 2º, *c*, do Decreto-Lei nº 3.688/1941, tendo em vista a inexistência de tipo penal equivalente nesse aspecto, bem como de norma revogadora.

---

[10] "Art. 28. É vedado ao menor de 25 (vinte e cinco) anos adquirir arma de fogo, ressalvados os integrantes das entidades constantes dos incisos I, II, III, V, VI, VII e X do *caput* do art. 6º desta Lei."

Não constitui infração penal, todavia, a conduta de deixar de tomar as cautelas necessárias para impedir que menor de 18 anos, pessoa com deficiência ou mesmo pessoa inexperiente se apodere de *acessório de arma de fogo*, por inexistir previsão legal nesse sentido.

Por outro lado, constituem como objetos materiais do delito disposto no parágrafo único do art. 13 tanto as armas de fogo quanto as munições. O tipo penal, porém, nada trata quanto aos acessórios, não se constituindo como ilícito penal a conduta de deixar de registrar boletim de ocorrência e de comunicar à Polícia Federal, nas primeiras 24 horas, acerca do extravio de acessório de arma de fogo.

6.6.4. Distinção entre o delito disposto no art. 13, *caput*, da Lei nº 10.826/2003 e o previsto no art. 16, § 1º, V, da Lei nº 10.826/2003

A despeito de não ignorar a existência de posição em sentido contrário, entendemos que as condutas dispostas nos arts. 13, *caput*, e 16, § 1º, V, ambos da Lei nº 10.826/2003, não se distinguem pelo elemento subjetivo do tipo. Afinal, conforme exposto no item 6.3, orientamo-nos no sentido de que ambos os crimes são classificados como dolosos.

Ao contrário, compreende-se tratar de tipos penais cujas elementares são distintas (especialmente os núcleos do tipo) e, portanto, não se confundem.

Enquanto o art. 13, *caput*, da Lei nº 10.826/2003 é crime omissivo próprio, ou seja, consuma-se com a omissão do agente delitivo, o qual deixa de tomar as cautelas necessárias para o correto armazenamento de arma de fogo que esteja sob sua posse ou propriedade, possibilitando que criança e/ou adolescente dela se apodere, a conduta prevista no art. 16, § 1º, V, da Lei nº 10.826/2003 se caracteriza por ser delito eminentemente comissivo e se configura com a efetiva venda, entrega ou fornecimento da arma de fogo ao menor de 18 anos.

Respeitada orientação diversa[11], não se cogita da identidade de ações, afinal *deixar de tomar as cautelas* não é o mesmo que *vender*, *entregar* ou *fornecer* (ainda que gratuitamente). A ação de entregar é positiva, tratando-se do ato de dar,

---

[11] Em sentido oposto ao defendido nesta obra, posiciona-se César Dario Mariano da Silva, para quem: "Se o agente, dolosamente, permitir que o menor ou o deficiente mental se apoderem de arma de fogo, responderá por outros crimes: 1) no caso de deficiente mental, haverá o delito previsto no art. 14, 16, *caput*, ou 16, parágrafo único, IV, do Estatuto, uma vez que o sujeito estará, dependendo do caso concreto, cedendo, emprestando ou fornecendo a arma de fogo para esta pessoa; 2) no caso de criança ou adolescente, incorrerá no delito descrito no art. 16, parágrafo único, V, do mesmo diploma legal, haja vista estar entregando ou fornecendo arma de fogo para estas pessoas" (SILVA, César Dario Mariano da. *Estatuto do Desarmamento*. 7. ed. Curitiba: Juruá, 2016. p. 97).

transferir a posse de fato mediante o aceite de outrem, não se concebendo a possibilidade de entrega de uma coisa por omissão.

Por outro lado, a pessoa que intencionalmente deixa de tomar as cautelas necessárias para impedir que criança ou adolescente se apodere de arma de fogo não necessariamente transfere a posse do objeto material, mas assume o risco de que o menor de 18 anos dele se apodere. Logo, as condutas não devem ser confundidas, tampouco autorizam a conclusão de que se distinguem somente pelo elemento subjetivo do tipo.

CONSIDERAÇÕES SOBRE O ART. 14 DA LEI Nº 10.826/2003: "PORTE ILEGAL DE ARMA DE FOGO DE USO PERMITIDO"

Art. 14. Portar, deter, adquirir, fornecer, receber, ter em depósito, transportar, ceder, ainda que gratuitamente, emprestar, remeter, empregar, manter sob guarda ou ocultar arma de fogo, acessório ou munição, de uso permitido, sem autorização e em desacordo com determinação legal ou regulamentar:
Pena – reclusão, de 2 (dois) a 4 (quatro) anos, e multa.

7.1. BEM JURÍDICO TUTELADO E SUJEITOS ATIVO E PASSIVO

Busca-se, com a norma penal em comento, a proteção da *segurança pública* e da *incolumidade pública*. Sobre o tema, remetemos o leitor ao capítulo 2.

O crime em estudo pode ser praticado por qualquer pessoa, não se exigindo qualquer condição especial do agente delitivo, razão pela qual é classificado como *crime comum*.

O sujeito passivo, por sua vez, é a coletividade, titular dos bens jurídicos tutelados (segurança e incolumidade públicas), tratando-se, portanto, de *crime vago*.

7.2. ELEMENTARES DO TIPO PENAL

Cuida-se de crime de ação múltipla (ou de conteúdo variado), porquanto consumado quando praticado um (ou mais de um) dos treze diferentes núcleos do tipo, quais sejam: portar, deter, adquirir, fornecer, receber, ter em depósito, transportar, ceder, emprestar, remeter, empregar, manter sob guarda ou ocultar arma de fogo.

Portar significa carregar, levar consigo (junto ao corpo ou em local de fácil acesso corporal), mesmo que por curto intervalo de tempo ou mesmo que de modo precário, como se dá com aquele que encontra uma arma de fogo numa moita de praça pública e a segura ou carrega dali. *Deter* é ter em detenção, ou seja, possuir a mando de outra pessoa ou precariamente. A definição jurídica de deter pode ter como parâmetro diferenciador o art. 1.198 do CC, que preceitua ser detentor aquele que exerce a posse em decorrência de relação de dependência para com outrem, mas não se limita a definição criminal pelo conceito do Direito Civil. O detentor tem a posse por curto lapso de tempo, com autorização do possuidor ou do proprietário da arma de fogo, mas, para o Direito Penal, não se desnatura a detenção se for longo o tempo de manutenção da arma de fogo. Em outras palavras, ao determinar como núcleos do tipo os termos *portar* e *deter*, quis o legislador abranger as mais variadas formas de alguém ter consigo uma arma, por longo ou por breve tempo, para si ou para outrem, premeditadamente ou não, com autorização formal ou informal de alguém ou sem qualquer autorização (como se dá, por exemplo, com aquele que furta uma arma e a carrega consigo).

Adquirir equivale a obter de forma onerosa, por meio de compra ou troca, por exemplo. O verbo *fornecer*, por outro lado, engloba tanto a conduta de dispor, disponibilizar, como também a de prover (abastecer, entregar, ser fonte de algo). *Receber* é passar a possuir ou deter a partir da aceitação do objeto, entregue ao agente por outrem, de qualquer forma que não se amolde à conduta de adquirir. *Ter em depósito* é estocar, deixar em local fixo com alguma finalidade específica ou não, mas em nome próprio. A conduta de *manter sob a guarda*, embora muito se aproxime de *ter em depósito* (estocar), melhor transmite a ideia de cuidar ou manter vigilância sobre a arma de fogo (munição ou acessório) a pedido de outrem ou em favor de terceiro.

Transportar é levar de um local a outro, ou seja, transferir a arma de fogo (munição ou acessório) do ponto de origem ao de destinação, ou simplesmente mudar de lugar o objeto material do delito (não junto ao corpo nem em local de fácil acesso corporal – hipótese em que melhor se caracterizaria com a conduta de *portar*), como se dá com aquele que desloca por poucos metros armamento dentro do porta-malas do veículo. *Ceder* corresponde ao ato de dispor da posse, de forma gratuita ou onerosa. *Emprestar* é uma forma de ceder, com a condição futura de que a coisa será restituída.

Remeter significa enviar, normalmente por via postal ou por emissário ou ainda por outro modo ou meio semelhante. *Empregar* equivale ao ato de utilizar a arma de fogo (munição ou acessório), manejando-a para quaisquer fins que não estejam de acordo com determinação legal ou utilizá-la de outro modo, como se dá, a título de ilustração, com aquele que monta uma armadilha, colocando a arma sobre um cavalete de madeira e amarrando o gatilho a uma portinhola. Por fim, *ocultar* é esconder, retirar de vista, colocar em local de difícil acesso visual ou camuflar.

Os objetos materiais do crime são a arma de fogo, a munição e o acessório de *uso permitido*, isto é, aqueles objetos de uso controlado que, dentre as três possíveis subdivisões quanto ao grau de restrição, são os mais acessíveis ao cidadão comum (vide capítulo 4).

As condutas de *portar, possuir, adquirir, transportar* ou *fornecer* arma de fogo que, embora de uso permitido, esteja com numeração, marca ou sinal de identificação raspado, suprimido ou adulterado não são punidas com as penas cominadas no preceito normativo secundário do art. 14 da Lei nº 10.826/2003, mas na forma do art. 16, § 1º, IV, da mesma lei, por força do princípio da especialidade, aplicável para solucionar o conflito aparente de normas.

Para a consumação do delito é necessário ao sujeito ativo que pratique um dos núcleos descritos no tipo penal, "sem autorização e em desacordo com determinação legal ou regulamentar". A presença dessa elementar normativa, portanto, é essencial à configuração do crime. Logo, à obviedade, o indivíduo que possui a autorização para o porte de arma de fogo não comete o delito em exame, desde que atue dentro dos limites da autorização.

Relevante rememorar, nesta oportunidade, que, para a obtenção de autorização para o porte de arma de fogo, exige-se o preenchimento de requisitos mais rígidos do que aqueles necessários para o registro da arma.

O Estatuto do Desarmamento, no seu art. 6º, *caput*, incisos e parágrafos, traz um rol exemplificativo dos indivíduos autorizados a portar armas de fogo no território nacional. São pessoas a quem o Estado concede o direito de portar arma de fogo para a segurança própria e coletiva.

Via de regra, cuidam-se de indivíduos ocupantes de cargos ou funções de alta periculosidade, tais como os integrantes das Forças Armadas, das Polícias brasileiras, da Força Nacional de Segurança Pública e das Guardas Municipais.

Também, assegura-se o porte de arma de fogo a servidores que exercem a segurança no âmbito dos Tribunais e dos Ministérios Públicos (art. 6º, XI, da Lei nº 10.826/2003), como ocorre com os policiais judiciais, que recentemente tiveram regulamentado o porte de arma de fogo pelo CNJ, por meio de alterações efetuadas na Resolução nº 467/2022[1], a partir da edição da Resolução nº 566/2024, a qual, dentre outras medidas, possibilitou a extensão do porte de tais servidores para fora do horário de serviço, por autorização fundamentada concedida pela chefia da unidade da Polícia Judicial, regulamentando o art. 7º-A do Estatuto do Desarmamento. Ademais, prevê o art. 5º, § 1º, da Resolução nº 467/2022 a possibilidade de os Tribunais brasileiros adquirirem armas de fogo de uso restrito e suas respectivas munições para assegurar a defesa da autonomia e independência do Poder Judiciário.

Garante-se, ainda, o porte de arma de fogo aos profissionais autorizados a trabalhar em empresas de segurança privada e de transporte de valores, nos termos do art. 6º, VIII, do Estatuto do Desarmamento, bem como aos

---

[1] Disponível em: https://bit.ly/3ZF5cOZ. Acesso em: 30 jun. 2024.

residentes de áreas rurais que dependem do emprego de arma de fogo para subsistência familiar, nos termos do § 5º do art. 6º do mencionado Estatuto.

Especificamente no que tange às empresas de segurança privada e de transporte de valores, ganha relevância a recente alteração promovida pela Lei nº 14.967/2024, que instituiu o Estatuto da Segurança Privada e da Segurança das Instituições Financeiras e alterou os arts. 7º e 23, § 4º, da Lei nº 10.826/2003. O primeiro dos dispositivos legais mencionados passou a englobar, dentre os autorizados para portar arma de fogo no território nacional, as empresas e os condomínios edilícios possuidores de serviços orgânicos de segurança privada, assim entendidos como "aqueles organizados facultativamente [...] para a realização de quaisquer serviços previstos no art. 5º [da Lei nº 14.967/2024] [...], desde que em proveito próprio, para a segurança de seu patrimônio e de seu pessoal" (art. 25, *caput*, da Lei nº 14.967/2024). Atribuiu-se, todavia, às pessoas jurídicas e aos condomínios edilícios a propriedade, a responsabilidade e a guarda das armas de fogo, devendo o certificado de registro e autorização para o porte serem expedidos pela Polícia Federal em nome delas, e não dos funcionários que manejarão o armamento.

Quanto ao art. 23, § 4º, da Lei nº 10.826/2003, também alterado pelo Estatuto da Segurança Privada e da Segurança das Instituições Financeiras, dispõe sobre a autorização para a aquisição de insumos e máquinas de recarga de munição, mediante autorização, pelas "escolas de formação de profissionais de segurança privada".

Para além do rol trazido pelo art. 6º do Estatuto do Desarmamento, é possível às leis esparsas preverem outros sujeitos aptos a obter a autorização para porte de arma de fogo, tal como ocorre com o art. 33, V, da Lei Complementar nº 35/1979 (Lei Orgânica da Magistratura) e o art. 42 da Lei nº 8.625/1993 (Lei Orgânica do Ministério Público), os quais viabilizam o porte de arma de fogo aos membros da Magistratura e do Ministério Público, respectivamente. A esses, defere-se o denominado porte funcional.

O art. 10, § 2º, da Lei nº 10.826/2003 elenca os requisitos necessários aos interessados na obtenção da autorização para o porte de arma de fogo de uso permitido, quais sejam: (i) demonstrar a sua efetiva necessidade por exercício de atividade profissional de risco ou de ameaça à sua integridade física; (ii) atender às exigências previstas no art. 4º do Estatuto do Desarmamento (para a obtenção do certificado de registro)[2]; (iii) apresentar documentação

---

[2] A própria Lei nº 10.826/2003, em seu art. 6º, § 4º, excepciona que os integrantes das Forças Armadas, das polícias federais e estaduais e do Distrito Federal, bem como os militares dos Estados e do Distrito Federal comprovem parte dos requisitos estabelecidos no art. 4º da mesma lei. Em suma, não é exigido de tais indivíduos que comprovem a idoneidade, apresentem documento demonstrativo de ocupação lícita e residência certa e demonstrem a capacidade técnica e aptidão psicológica para o manuseio da arma de fogo.

de propriedade de arma de fogo, bem como o seu devido registro no órgão competente.

Não se deve ignorar, ainda, a diferença existente entre a autorização de porte e o porte de trânsito (guia de tráfego), este concedido aos caçadores eventuais, atiradores esportivos e colecionadores de armas de fogo. Apesar de, na prática, os institutos serem muito confundidos, a diferença é significativa e gera consequências penais completamente distintas.

Nos moldes do art. 2º, XXXIV, do Decreto nº 11.615/2023, o denominado porte de trânsito consiste na "autorização concedida pelo Comando do Exército, mediante emissão da guia de tráfego, aos colecionadores, aos atiradores, aos caçadores e aos representantes estrangeiros em competição internacional oficial de tiro realizada no território nacional, para transitar com armas de fogo registradas em seus acervos, desmuniciadas, em trajeto preestabelecido, por período predeterminado e de acordo com a finalidade declarada no registro correspondente".

Ou seja, diferentemente da autorização para o porte de arma de fogo, a guia de tráfego não possibilita aos CACs que transportem os armamentos a quaisquer sítios, de forma indiscriminada, mas tão somente no trajeto predefinido, normalmente entre a residência do proprietário e o local onde a arma de fogo será utilizada (*e.g.*, o estande de tiro ou dentro do perímetro autorizado para a caça excepcional de fauna exógena).

Nesse sentido, aliás, o parágrafo único do art. 21 do Decreto nº 11.615/2023 enfatiza que "a guia de tráfego não autoriza o porte da arma, mas apenas o seu transporte, desmuniciada e acondicionada de maneira a não ser feito uso, e somente no percurso nela autorizado", impedindo interpretação diversa ou extensiva do texto normativo-regulamentar.

Em decorrência disso, o caçador excepcional, atirador esportivo ou colecionador que, embora possua o registro da arma de fogo e a guia de tráfego, porte ou transporte o objeto fora do itinerário autorizado pelo Comando do Exército (órgão responsável por conceder o porte de trânsito aos CACs) comete o crime previsto no art. 14 da Lei nº 10.826/2003.

Oportuno mencionar, por fim, que, no julgamento da ADI 6.139/DF, o STF conferiu interpretação conforme a Constituição ao art. 10, § 1º, I, do Estatuto do Desarmamento[3], para estabelecer limites à discricionariedade do

---

[3] "Art. 10. A autorização para o porte de arma de fogo de uso permitido, em todo o território nacional, é de competência da Polícia Federal e somente será concedida após autorização do Sinarm. § 1º A autorização prevista neste artigo poderá ser concedida com eficácia temporária e territorial limitada, nos termos de atos regulamentares, e dependerá de o requerente: I – demonstrar a sua efetiva necessidade por exercício de atividade profissional de risco ou de ameaça à sua integridade física;".

Poder Executivo na edição de normas regulamentares concessivas do porte de arma de fogo, reafirmando a excepcionalidade do porte a partir do cumprimento do requisito da "efetiva necessidade" daquele que solicita a autorização. Nesse sentido, a Corte Constitucional fixou a tese hermenêutica de que "a atividade regulamentar do Poder Executivo não pode criar presunções de efetiva necessidade outras que aquelas já disciplinadas em lei".

7.3. ELEMENTO SUBJETIVO DO TIPO

Exige-se o *dolo* para a configuração do crime de porte de arma de fogo de uso permitido. Não se pune a forma culposa, por ausência de previsão legal.

7.4. CLASSIFICAÇÃO DOUTRINÁRIA

Trata-se de crime *comum, vago, doloso, de ação múltipla* e *de perigo abstrato*, conforme já exposto. Classifica-se, ainda, como crime *comissivo*, pois exige uma ação positiva do agente para a caracterização do delito, e *de forma livre*, admitindo qualquer meio para a execução.

Pode ser *instantâneo* (condutas de adquirir, fornecer, receber, ceder, emprestar, remeter e empregar) ou *permanente* (condutas de portar, deter, ter em depósito, transportar, manter sob a guarda e ocultar). De igual forma, a depender do núcleo do tipo praticado, pode ser *unissubsistente* (consumado mediante uma única ação) ou *plurissubsistente* (os atos executórios se desdobram em mais de um), admitindo-se, nestes, a forma tentada.

7.5. PENA, AÇÃO PENAL E QUESTÕES PROCESSUAIS

A pena cominada ao tipo penal em apreço é a de "reclusão, de 2 (dois) a 4 (quatro) anos, e multa". Processa-se mediante ação penal pública incondicionada, dispensando queixa-crime ou representação criminal para a deflagração da ação. A ação penal deve ser proposta perante a Justiça Estadual, competente para o processamento e julgamento dos sujeitos envolvidos nessa espécie delitiva.

Diferentemente dos crimes analisados nos tipos penais anteriores, o delito de porte ilegal de arma de fogo de uso permitido possui pena mínima em abstrato superior a 1 (um) ano de reclusão. Disso se infere a impossibilidade de concessão da suspensão condicional do processo (art. 89 da Lei nº 9.099/1995) e das demais medidas "despenalizadoras" previstas na Lei dos Juizados Especiais.

Em contrapartida, dada a quantidade mínima de pena, é viável o oferecimento de acordo de não persecução penal, a substituição da pena privativa de liberdade por restritiva de direitos e a suspensão condicional da pena, desde que observados, respectivamente, os pressupostos elencados no art. 28-A do CPP e nos arts. 44 e 77 do CP.

Por força do disposto no parágrafo único do art. 14 em estudo, o crime de porte ilegal de arma de fogo, acessório ou munição de uso permitido era tido como inafiançável, salvo se o objeto de uso controlado se encontrasse registrado em nome do agente. Ocorre que, no julgamento da ADI 3.112/DF, o STF declarou a inconstitucionalidade material do art. 14, parágrafo único, da Lei nº 10.826/2003, por reputar desarrazoado o tratamento jurídico mais rigoroso conferido ao aludido crime[4]. Logo, é possível, em tese, a concessão de liberdade provisória mediante pagamento de fiança.

O art. 20 da Lei nº 10.826/2003 abarca causas de aumento de pena ao crime em comento. Assim, as penas são aumentadas em metade se o delito for praticado por integrante dos órgãos e empresas referidos nos arts. 6º, 7º e 8º[5] da mesma lei.

---

[4] "Ação direta de inconstitucionalidade. Lei nº 10.826/2003. Estatuto do Desarmamento. Inconstitucionalidade formal afastada. Invasão da competência residual dos estados. Inocorrência. Direito de propriedade. Intromissão do estado na esfera privada descaracterizada. Predominância do interesse público reconhecida. Obrigação de renovação periódica do registro das armas de fogo. Direito de propriedade, ato jurídico perfeito e direito adquirido alegadamente violados. Assertiva improcedente. Lesão aos princípios constitucionais da presunção de inocência e do devido processo legal. Afronta também ao princípio da razoabilidade. Argumentos não acolhidos. Fixação de idade mínima para a aquisição de arma de fogo. Possibilidade. Realização de referendo. Incompetência do Congresso Nacional. Prejudicialidade. Ação julgada parcialmente procedente quanto à proibição do estabelecimento de fiança e liberdade provisória. [...] IV – A proibição de estabelecimento de fiança para os delitos de 'porte ilegal de arma de fogo de uso permitido' e de 'disparo de arma de fogo' mostra-se desarrazoada, porquanto são crimes de mera conduta, que não se equiparam aos crimes que acarretam lesão ou ameaça de lesão à vida ou à propriedade. [...] IX – Ação julgada procedente, em parte, para declarar a inconstitucionalidade dos parágrafos únicos dos arts. 14 e 15 e do art. 21 da Lei nº 10.826, de 22 de dezembro de 2003" (ADI 3.112, rel. Min. Ricardo Lewandowski, Tribunal Pleno, j. 02.05.2007).

[5] São eles: (i) os integrantes das Forças Armadas; (ii) os integrantes de órgãos referidos nos incisos I, II, III, IV e V do *caput* do art. 144 da CF e os da Força Nacional de Segurança Pública (FNSP); (iii) os integrantes das guardas municipais das capitais dos Estados e dos Municípios com mais de 500 mil habitantes, nas condições estabelecidas no regulamento desta Lei; (iv) os integrantes das guardas municipais dos Municípios com mais de 50 mil e menos de 500 mil habitantes, quando em serviço; (v) os agentes operacionais da Abin e os agentes do Departamento de Segurança do Gabinete de Segurança Institucional da Presidência da República; (vi) os integrantes dos órgãos policiais referidos no art. 51, IV, e no art. 52, XIII, da CF; (vii) os integrantes do quadro efetivo dos agentes e guardas prisionais, os integrantes das escoltas de presos e as guardas portuárias; (viii) as empresas de segurança privada e de transporte de valores constituídas, nos termos desta Lei; (ix) para os integrantes das entidades de desporto legalmente constituídas, cujas atividades esportivas demandem o uso de armas de fogo, na forma do regulamento desta Lei, observando-se, no que couber, a legislação ambiental; (x) integrantes das Carreiras de Auditoria da Receita Federal do Brasil e de Auditoria-Fiscal do Trabalho, cargos de Auditor-Fiscal e Analista Tributário; (xi) os

Tal como Damásio de Jesus, entendemos que a referida causa de aumento de pena somente incidirá no caso de o sujeito ativo cometer o delito no exercício da função ou em razão dela, ou seja, que o fato possua correlação com a função. Consoante discorreu o saudoso Professor[6]:

> Perdura, entretanto, a nossa interpretação: não é suficiente que o sujeito seja integrante de órgão público, sendo necessário que o fato se relacione com o seu exercício funcional, de forma direta ou indireta (no exercício da função ou, fora dela, por sua causa). Suponha-se que um policial militar, em período de férias, numa pescaria, dispare arma de fogo de propriedade de um amigo nas adjacências de lugar habitado. O fato não se relaciona com o exercício da função, nem é cometido em razão dela. Deve responder pelo delito do art. 15 da Lei nº 10.826/2003, mas sem a causa de aumento de pena.

Com as alterações legislativas promovidas pela Lei nº 13.964/2019, inseriu-se nova majorante no aludido dispositivo legal, consistente no cometimento do crime por "reincidente específico em crimes dessa natureza". Semelhante previsão existia na Lei nº 9.437/1997, que abarcava como qualificadora o fato de o agente delitivo "possuir condenação anterior por crime contra a pessoa, contra o patrimônio e por tráfico ilícito de entorpecentes e drogas afins"[7].

7.6. PONTOS CONTROVERTIDOS

7.6.1. Art. 10 da Lei nº 9.437/1997 e a irretroatividade da lei penal

Como já amplamente discorrido, a Lei nº 10.826/2003 ab-rogou a antiga Lei nº 9.437/1997. Nesta, as condutas de possuir e portar arma de fogo de uso permitido eram previstas na mesma norma penal (art. 10, *caput*) e sancionadas com o idêntico rigor.

A nosso ver, andou bem o legislador ao desmembrar o dispositivo legal e, à luz do princípio da proporcionalidade, punir com maior severidade a

---

tribunais do Poder Judiciário descritos no art. 92 da CF e os Ministérios Públicos da União e dos Estados, para uso exclusivo de servidores de seus quadros pessoais que efetivamente estejam no exercício de funções de segurança, na forma de regulamento a ser emitido pelo CNJ e pelo CNMP; (xii) servidores no exercício de funções de segurança nos tribunais e no âmbito dos Ministérios Públicos; (xiii) empregados das empresas de segurança privada e de transporte de valores; (xiv) entidades desportivas legalmente constituídas.

[6] JESUS, Damásio E. de. *Direito Penal do desarmamento*: anotações à parte criminal da Lei nº 10.826, de 22 de dezembro de 2003 (Estatuto do Desarmamento). 6. ed. São Paulo: Saraiva, 2007. p. 133.

[7] Com o advento da Lei nº 10.826/2003, não havia previsão de incremento de pena (em sentido amplo) pela reincidência específica. Foi somente com a edição da Lei nº 13.964/2019 (popularmente conhecida como Pacote Anticrime) que se restabeleceu disposição similar, alterando, porém, a natureza jurídica da majoração, que passou a se tratar de causa de aumento (e não mais qualificadora).

conduta daquele que possui a arma de fogo fora de sua residência ou local de trabalho. Isso porque a gravidade das condutas previstas no art. 14 da Lei nº 10.826/2003, aferida a partir do perigo gerado à segurança pública, é indubitavelmente maior do que aquela relativa às condutas dispostas no art. 12 da mencionada lei.

A reforma legislativa, por outro lado, agravou, em abstrato, a situação dos agentes incursos nas condutas previstas no art. 14 da Lei nº 10.826/2003. Melhor dizendo, pelo regime jurídico anterior, o sujeito que, sem autorização e em desacordo com as determinações legais e regulamentares, portasse, detivesse, adquirisse, fornecesse, recebesse, tivesse em depósito, transportasse, cedesse, emprestasse, remetesse, empregasse, ocultasse ou mantivesse sob sua guarda arma de fogo de uso permitido, era punido com as sanções de "detenção de 1 (um) a 2 (dois) anos e multa", conforme art. 10, *caput*, da Lei nº 9.437/1997.

Sob o advento da Lei nº 10.826/2003, o cometimento dos atos ilícitos acima elencados enseja a aplicação das penas de "reclusão, de 2 (dois) a 4 (quatro) anos, e multa". Diante da verificação de que a lei penal passou a tratar com maior rigor a situação do sujeito que incorre no crime em exame (*lex gravior*), forçoso concluir pela sua irretroatividade. Nesse sentido, aos ilícitos praticados antes de 23 de dezembro de 2003, aplica-se o art. 10, *caput*, da Lei nº 9.437/1997.

Considerando, no entanto, que algumas das condutas criminosas previstas no art. 10, *caput*, da Lei nº 9.437/1997 e reproduzidas no art. 14 da Lei nº 10.826/2003 têm a consumação prolongada no tempo – os denominados crimes permanentes, já discriminados no item 7.4 –, é possível conceber a aplicação da nova lei, ainda que mais grave, ao crime cuja consumação foi iniciada sob a vigência da lei anterior, mas cessada somente após a vigência da lei nova. Sobre o assunto, remetemos o leitor às observações tecidas no item 5.6.2.

7.6.2. Porte de pouca quantidade de munição e a inaplicabilidade do princípio da insignificância

Vide item 5.6.3.

7.6.3. Arma de fogo desmuniciada

Vide item 5.6.4.

7.6.4. Inaptidão da arma de fogo, do acessório ou da munição

Vide item 5.6.5.

7.6.5. Concurso entre o crime praticado com emprego de arma de fogo e o porte de arma de fogo

Questão interessante é o concurso entre o crime de porte de arma de fogo e crime (de dano) praticado com o emprego de arma de fogo. Para ilustrar, pode-se conceber a situação do indivíduo que, premeditando matar seu inimigo, adquire uma arma de fogo, transporta o objeto até o local de destino e efetua disparos contra o algoz, alvejando-o e levando-o a óbito. Pergunta-se: no cenário retratado, o crime de porte ilegal de arma de fogo é absorvido pelo delito de homicídio? A resposta é negativa.

A incidência do princípio da consunção busca solucionar hipóteses de conflito aparente de normas. Estes, por sua vez, ocorrem quando, para um único fato, são aparentemente aplicáveis mais de uma norma penal. Noutras palavras, a denominada absorção de um crime pelo outro apenas tem lugar quando verificada a unicidade do fato e a pluralidade de normas.

O indivíduo que adquire, mantém sob sua guarda e transporta a arma de fogo até o local onde matará a vítima pratica mais de um fato punível: o porte ilegal de arma de fogo e o homicídio. São condutas absolutamente autônomas e independentes entre si, praticadas, inclusive, em momentos distintos. Nesses casos, incabível se cogitar de *ante factum* impunível, com aplicação do princípio da consunção, porquanto inexistentes os pressupostos caracterizadores do conflito aparente de normas.

A posição acima exposta é encampada pelo STJ, que determina a formulação de quesito específico aos jurados componentes do Conselho de Sentença do Tribunal do Júri, órgão competente para o julgamento dos crimes dolosos contra a vida, acerca da aplicação (ou não) do princípio da consunção entre os crimes de homicídio e de porte ilegal de arma de fogo.

Sobre o tema, o STJ já teve a oportunidade de decidir: "Cabe ao conselho de sentença o reconhecimento da incidência do princípio da consunção do delito de porte ilegal de arma de fogo de uso permitido pelo delito de homicídio, não podendo ocorrer na decisão de pronúncia, por ofensa ao princípio da soberania dos vereditos" (AgRg no HC 753.256/PR, rel. Min. Messod Azulay Neto, 5ª Turma, j. 13.12.2022). No mesmo sentido: AgRg no AREsp 2.540.663/SC, rel. Min. Reynaldo Soares da Fonseca, 5ª Turma, j. 16.04.2024; AgRg no HC 684.750/SC, rel. Min. Ribeiro Dantas, 5ª Turma, j. 15.02.2022; AgRg no REsp 1.863.240/RS, rel. Min. Nefi Cordeiro, 6ª Turma, j. 15.09.2020.

Impõe-se destacar que o entendimento exposto varia a depender da situação fática tratada. Caso seja constatado que o indivíduo apenas se utilizou da arma de fogo para o cometimento do crime de homicídio, sem que antes tenha praticado, de forma independente, qualquer das condutas descritas no art. 14 da Lei nº 10.826/2003, então haverá a unicidade do fato e, por conseguinte, poder-se-á aplicar o princípio da consunção, tornando impunível o *ante factum*.

Ressalte-se que, conquanto se tenha utilizado do exemplo do homicídio, a mesma interpretação se aplica a outros crimes praticados com o emprego de arma de fogo, tal como o roubo circunstanciado.

Refutada a absorção do crime de porte ilegal de arma de fogo na situação acima elencada, tem-se como devida a aplicação do concurso material de crimes, por se tratar de infrações penais cometidas com desígnios autônomos, por ações independentes e em contextos fáticos distintos. Nessa toada, com a condenação criminal de um indivíduo pelos crimes de porte ilegal de arma de fogo e de homicídio, impõe-se a unificação das penas a partir da soma delas, nos moldes do art. 69, *caput*, do CP.

7.6.6. Exercício da legítima defesa com o emprego de arma de fogo, sem autorização e em desacordo com determinação legal e regulamentar

Imaginemos o caso de um indivíduo A, que leva consigo uma arma de fogo, sem autorização para o porte, e é surpreendido na via pública pelo indivíduo B, o qual, portando uma faca de cozinha (arma branca), determina que A lhe entregue o aparelho celular. Nesse momento, a fim de se defender e sem qualquer outro meio ao seu alcance, A mostra ao roubador a arma de fogo, apontando-lhe o objeto e fazendo com que B fuja do local.

Na hipótese ilustrativa, presentes os requisitos do art. 25 do CP, o crime de ameaça praticado por A (afinal, apontar a arma de fogo para outrem constitui, inequivocamente, uma ameaça de mal grave e injusto) fica acobertado pela excludente de ilicitude concernente à legítima defesa. Apesar disso, A responderá pelo crime de porte ilegal de arma de fogo.

A conclusão tomada decorre da verificação de que o delito de porte ilegal de arma de fogo não foi praticado para repelir *injusta agressão, atual ou iminente, a direito próprio ou alheio*, na medida em que o sujeito A já levava consigo o objeto de uso controlado, sem autorização e em desacordo com determinação legal ou regulamentar, antes mesmo de ser abordado pelo roubador.

Pelo fato de não ser aceita a "legítima defesa" preventiva, também responde pelo crime aquele surpreendido a portar arma de fogo sem autorização, a pretexto de estar ameaçado de morte por pessoa(s) perigosa(s) ou mesmo se comprovar estar a viver sob ameaça.

7.6.7. A venda de arma de fogo de uso permitido sem autorização e em desacordo com determinação legal e regulamentar

Entendemos que a conduta de vender arma de fogo de uso permitido de forma ilegal encontra-se englobada nos núcleos do tipo *fornecer* e *ceder*.

Distingue-se do tipo penal descrito no art. 17 da Lei nº 10.826/2003 na medida em que se faz necessária, para a configuração do crime de comércio ilegal de arma de fogo, a verificação de habitualidade na atividade comercial ou industrial.

Logo, o indivíduo que possui uma arma de fogo de uso permitido e, objetivando se desfazer dela, vende o objeto para um terceiro, de forma pontual e eventual, comete o crime previsto no art. 14 da Lei nº 10.826/2003, porquanto não há o *exercício de atividade comercial*, elementar objetiva do art. 17 da referida lei.

Em direção semelhante, posiciona-se Guilherme de Souza Nucci[8]:

> A ausência do verbo vender não afasta a aplicação deste tipo penal, pois tal conduta está implícita em fornecer. Além disso, a previsão da venda, feita no art. 17 desta Lei, diz respeito ao exercício de comércio, logo, situação habitual. No caso do art. 14, pode dar-se apenas uma vez.

O entendimento parece pacífico na doutrina e contempla o princípio da proporcionalidade, afinal não é razoável equiparar e tratar com a mesma gravidade as condutas de vender, pontualmente, uma arma de fogo e, por outro lado, dedicar-se à atividade de comercializar ou fabricar armas de fogo sem autorização e em desacordo com determinação legal e regulamentar. A segunda, indubitavelmente, é mais grave que a primeira, pois fomenta e estimula a existência de um mercado paralelo de comercialização de objetos de tamanha periculosidade, às margens do controle estatal.

7.6.8. Porte de mais de um objeto de uso controlado

O porte de mais de uma arma de fogo ou de uma arma de fogo com munições e/ou acessório constitui um único crime, desde que ocorra num mesmo contexto fático e os objetos sejam classificados em idêntico grau de restrição. Para aprofundamento, remetemos o leitor ao item 5.6.6.

7.6.9. Autorização vencida para o porte de arma de fogo

Como já exposto, o porte de arma de fogo é legal quando o indivíduo possui *autorização para o porte*. Caso, porém, tenha a autorização vencida e pratique uma das condutas previstas no *caput* do art. 14 da Lei nº 10.826/2003, incorrerá no crime de porte ilegal de arma de fogo, ficando sujeito às penas

---

[8] NUCCI, Guilherme de Souza. *Leis penais e processuais penais*. 13. ed. Rio de Janeiro: Forense, 2020. v. 2. p. 27.

cominadas no preceito normativo secundário do dispositivo legal. Essa é a orientação encampada pelo STJ[9].

A solução se diferencia daquela exposta com relação ao vencimento do *Craf* (documento necessário para possuir a arma de fogo dentro da residência ou do estabelecimento comercial), sem que se incorra em qualquer incoerência.

Isso porque, conforme estudado, a configuração dos crimes previstos nos arts. 12 e 14 da Lei nº 10.826/2003 depende da verificação do dolo do agente. Embora não se conceba o dolo na conduta do sujeito que possui a arma de fogo e deixa expirar o prazo para renovação do *certificado de registro*, mas segue possuindo o objeto dentro da sua residência, a falta de dolo não se verifica no que concerne ao vencimento da *autorização para o porte*.

Sobre o assunto, destacam-se as elucidativas contribuições de Ricardo Silvares[10]:

> É que a autorização para o porte de arma permite a seu titular que circule com a arma, o que incrementa a exposição do bem jurídico, bem ao contrário da simples mantença da arma em casa ou local de trabalho. Além disso, existem exigências legais e regulamentares para a renovação do porte, é dizer, para que se tenha autorização de circular com a arma pelas vias públicas, fora de casa ou do local de trabalho, sendo estabelecidos, ainda, determinados prazos. Assim, vencido o prazo para a autorização, a arma deverá ser mantida em casa até que se providencie a renovação. Do contrário, haverá o crime do art. 14 (arma de uso permitido) ou do art. 16 (arma de uso restrito). Negada a renovação do porte, praticado algum dos núcleos do tipo, a solução será a mesma.

---

[9] "Recurso ordinário em *habeas corpus*. Porte ilegal de arma de fogo e ameaça. Trancamento da ação penal. Alegada existência de porte e registro da arma vigentes. Não comprovação. Arma de fogo com o registro vencido. Atipicidade. Tese não aplicável ao crime de porte ilegal de arma de fogo. Representação do ofendido. Manifestação sobre o interesse de que o agente seja responsabilizado. Suficiência. Litispendência. Supressão de instância e ausência de prova pré-constituída. Recurso desprovido. 1. Trata-se de denúncia pela prática do crime de porte ilegal de arma de fogo (art. 14 da Lei nº 10.826/2003) e ameaça (art. 147 do CP), no qual o recorrente é acusado de portar arma de fogo com o porte e o registro da arma vencidos, além de ameaçar a vítima mediante o uso do artefato. […] 4. O entendimento firmado pelo SJT no julgamento da APn 686/AP (rel. Min. João Otávio de Noronha, Corte Especial, *DJe* 29.10.2015) é restrito ao delito de posse ilegal de arma de fogo de uso permitido (art. 12 da Lei nº 10.826/2003), não se aplicando ao crime de porte ilegal de arma de fogo (art. 14 da Lei nº 10.826/2003), cuja elementar é diversa e a reprovabilidade mais intensa. 5. 'O simples fato de portar ilegalmente arma de fogo caracteriza a conduta descrita no art. 14 da Lei nº 10.826/2003, por se tratar de crime de perigo abstrato, cujo objeto imediato é a segurança coletiva' (HC 356.198/SP, rel. Min. Jorge Mussi, 5ª Turma, *DJe* 05.10.2016). […] 8. Recurso ordinário em *habeas corpus* desprovido" (RHC 63.686/DF, rel. Min. Reynaldo Soares da Fonseca, 5ª Turma, j. 16.02.2017).

[10] SILVARES, Ricardo. Desarmamento – Lei nº 10.826/2003. In: CUNHA, Rogério Sanches et al. *Leis penais especiais comentadas*. 7. ed. São Paulo: JusPodivm, 2024. Capítulo 29. p. 1617.

Dessarte, diferentemente do que ocorre com o tipo penal descrito no art. 12 do Estatuto em estudo, o porte de arma de fogo com a respectiva autorização vencida é conduta típica e ilícita, configurando o crime previsto no art. 14 da Lei nº 10.826/2003.

7.6.10. Porte de arma de fogo por guardas civis municipais

De acordo com o anteriormente exposto, o art. 6º, *caput* e incisos, da Lei nº 10.826/2003 elenca as pessoas para as quais o porte de arma de fogo é autorizado, dada a função pública ou privada exercida. Quanto àqueles que possuem autorização para o porte em decorrência de função ou cargo públicos, afirma-se possuírem o *porte funcional*.

Originalmente, conforme dispunham os incisos III e IV do art. 6º da Lei nº 10.826/2003, somente era autorizado o porte funcional de armas de fogo aos guardas civis municipais das capitais dos Estados e dos Municípios com mais de 500 mil habitantes e, de outro lado, aos integrantes das guardas municipais dos Municípios com mais de 50 mil habitantes e menos de 500 mil habitantes somente quando estivessem em serviço, nos exatos termos da lei.

Contudo, contra a previsão legal foi ajuizada a ADI 5.538/DF, que culminou na declaração de inconstitucionalidade *in totum* do inciso IV e, de outro lado, na exclusão dos termos "das capitais dos Estados" e "com mais de 500.000 (quinhentos mil) habitantes" do inciso III.

Relevante se faz colacionar trechos do interessantíssimo voto do Ministro Alexandre de Moraes, relator da ADI[11]:

> O grande desafio institucional brasileiro da atualidade é evoluir nas formas de combate à criminalidade, efetivando um maior entrosamento dos diversos órgãos governamentais na investigação à criminalidade organizada, na repressão à impunidade e na punição da corrupção, e, consequentemente, estabelecer uma legislação que fortaleça a união dos poderes Executivo, Legislativo e Judiciário, bem como do Ministério Público na área de persecução penal, no âmbito dos Estados da Federação. [...]
>
> É evidente a necessidade de união de esforços para o combate à criminalidade organizada e violenta, não se justificando, nos dias atuais da realidade brasileira, a atuação separada e estanque de cada uma das Polícias Federal, Civis e Militares e das Guardas Municipais; bem como seu total distanciamento em relação ao Ministério Público e ao Poder Judiciário.
>
> O reconhecimento dessa posição institucional das Guardas Municipais possibilitou ao Parlamento, com base no § 7º do art. 144 da Constituição Federal,

---

[11] STF, ADI 5.538, rel. Min. Alexandre de Moraes, Tribunal Pleno, j. 01.03.2021. Disponível em: https://bit.ly/3BbCD2d. Acesso em: 5 jun. 2024.

editar a Lei nº 13.675, de 11.06.2018, na qual as Guardas Municipais são colocadas como integrantes operacionais do Sistema Único de Segurança Pública (art. 9º, § 1º, VII), referindo-se expressamente ao dever dos Municípios de implantar programas, ações e projetos de segurança pública, com liberdade de organização e funcionamento (§ 4º do mesmo dispositivo).

Atualmente, portanto, não há nenhuma dúvida judicial ou legislativa da presença efetiva das Guardas Municipais no sistema de segurança pública do país. Se cabe restringir o porte de arma de fogo a integrantes de instituição que faz parte do sistema geral de segurança pública – e esse ponto, em si mesmo, já é bastante questionável –, a restrição teria de guardar relação com o efetivo exercício das atividades de segurança pública, e não com a população do Município. As variações demográficas não levam automaticamente ao aumento ou à diminuição do número de ocorrências policiais ou dos índices de violência, estes sim relevantes para aferir a necessidade de emprego de armas ou outros equipamentos de combate à criminalidade.

Dito de outro modo: se cabível a restrição do porte de arma, esta deveria guardar relação com o número de ocorrências policiais ou algum outro índice relevante para aferição da criminalidade. Isto, aliás, é afirmado pelo próprio legislador federal, ao estabelecer que as atividades de polícia ostensiva e de preservação da ordem pública serão aferidas, entre outros fatores, pela maior ou menor incidência de infrações penais e administrativas em determinada área (art. 12, III, da Lei nº 13.675/2018).

Logo, atualmente, com a parcial procedência da ADI, não mais subsiste a distinção entre os guardas civis atuantes em Municípios que sejam capitais de Estado e os demais, tampouco entre aqueles que possuem maior ou menor quantidade de habitantes, conferindo a todos os guardas civis o porte funcional de arma de fogo.

7.6.11. Porte de arma de fogo sem a documentação pertinente

Embora o art. 47 do Decreto nº 11.615/2023 preveja que a *autorização para o porte* seja "documento obrigatório para a condução da arma", elencando, em seus incisos, os dados que necessariamente estarão contidos nela[12], entendemos não configurar os crimes previstos no art. 14 ou no art. 16, *caput*, da Lei nº 10.826/2003 a conduta de um proprietário de arma de fogo que, conquanto seja autorizado pela Polícia Federal ou pelo Comando do Exército a portar o objeto, esqueça-se de levar consigo a documentação pertinente.

---

[12] "Art. 47. O porte de arma de fogo é documento obrigatório para a condução da arma e conterá os seguintes dados: I – abrangência territorial; II – eficácia temporal; III – características da arma; IV – número do cadastro da arma no Sinarm; V – identificação do proprietário da arma; e VI – assinatura, cargo e função da autoridade concedente."

Isso porque os tipos penais mencionados dependem, para a consumação do crime, da presença da elementar normativa "sem autorização *e* em desacordo com determinação legal ou regulamentar". Assim, apesar de, na situação retratada, o proprietário da arma de fogo portá-la em desconformidade com determinação regulamentar (art. 47 do Decreto nº 11.615/2023), é certo que ele possui autorização para assim proceder, afastando, portanto, a tipicidade da conduta.

7.6.12. Porte ilegal de arma de fogo e tráfico de drogas: aplicação do princípio da consunção ou reconhecimento do concurso de crimes?

O art. 40, IV, da Lei nº 11.343/2006 abarca uma causa de aumento de penas, portanto incidente na terceira fase da dosimetria penal, aplicável quando "o crime tiver sido praticado com violência, grave ameaça, emprego de arma de fogo, ou qualquer processo de intimidação difusa ou coletiva".

Suponha-se, então, a situação de um indivíduo traficante de drogas que, no exercício do comércio proscrito, porte uma arma de fogo, com o intuito de defender-se de narcotraficantes concorrentes e, eventualmente, de reagir a ação policial, além de causar intimidação na população que reside na região onde pratica o tráfico.

Indaga-se: o agente delitivo responderá pelo crime de tráfico de drogas (art. 33, *caput*, da Lei nº 11.343/2006), com a incidência da causa de aumento preconizada no art. 40, IV, da referida lei, em concurso de crimes com o delito previsto no art. 14 da Lei nº 10.826/2003? A aplicação concomitante da referida causa de aumento com o delito do Estatuto do Desarmamento ocasionaria indesejável *bis in idem*?

"A majorante do art. 40, inciso IV, da Lei n. 11.343/2006 aplica-se quando há nexo finalístico entre o uso da arma e o tráfico de drogas, sendo a arma usada para garantir o sucesso da atividade criminosa, hipótese em que o crime de porte ou posse ilegal de arma é absorvido pelo tráfico. Do contrário, o delito previsto no Estatuto do Desarmamento é considerado crime autônomo, em concurso material com o tráfico de drogas".[13]

De fato, inexiste resposta padrão e uniforme na análise da incidência do princípio da consunção, como bem compreendeu a Corte Superior, dependendo a solução das circunstâncias do caso concreto.

---

[13] Disponível em: https://processo.stj.jus.br/jurisprudencia/externo/informativo/?acao=pesquisar&materia=%22DIREITO+PENAL%22&livre=@docn&operador=E&b=INFJ&tp=T#:~:text=Tema%201259.,arma%20%C3%A9%20absorvido%20pelo%20tr%C3%A1fico. Acesso em: 23 jan. 2025.

Com efeito, o art. 40, IV, da Lei nº 11.343/2006 impõe, para a sua incidência, a verificação de estar a arma de fogo sendo efetivamente "empregada", isto é, utilizada de qualquer forma pelo narcotraficante, a fim de causar intimidação e temor "difuso ou coletivo". Logo, é preciso, para a elevação das penas com fundamento nessa hipótese, que o traficante se utilize do objeto de uso controlado para amedrontar e constranger as pessoas que estão no seu entorno.

Deverá ser responsabilizado pelo crime de tráfico de drogas, com a mencionada causa de aumento, e pelo crime de porte ilegal de arma de fogo, em concurso material de infrações penais, o agente delitivo que, enquanto pratica a narcotraficância, expuser de forma intimidatória a arma de fogo (*e.g.*, empunhando-a ou mantendo-a em sua cintura, sobre as vestes e à vista de todos).

Hipótese distinta é aquela envolvendo o traficante de drogas que, embora porte uma arma de fogo, não a expõe, ocultando-a, por exemplo, por debaixo de suas vestes, ou levando-a no interior de uma pochete. Nesse caso, deverá responder pelos delitos de tráfico de drogas e de porte ilegal de arma de fogo, afastada a causa de aumento com relação ao primeiro crime.

É possível vislumbrar, ainda, a situação de um indivíduo que disponha de Craf por qualquer razão (por exemplo, a título de CAC) e tenha cedido a frente de sua residência para que um traficante exerça o comércio das drogas, enquanto permanece na janela, no interior da casa, com o armamento exposto em direção à via pública, realizando a segurança pessoal do traficante e intimidando aqueles que ali transitam. Nesse caso, responderá pelo crime previsto no art. 33, *caput*, da Lei nº 11.343/2006, na condição de partícipe, ou seja, na forma do art. 29, *caput*, do CP, com a incidência da causa de aumento referida no art. 40, IV, da Lei nº 11.343/2006, sem, contudo, ser responsabilizado pelo delito do Estatuto do Desarmamento.

Há outras inúmeras situações que poderão dar ensejo a resultados jurídicos distintos, do que se infere a impossibilidade de padronização da solução a ser tomada. Não nos parece, de toda forma, ser viável interpretar que a causa de aumento em tela incidiria em todos os casos nos quais verificado o porte ou a posse ilegal de arma de fogo em contexto de tráfico de drogas, sendo imprescindível a demonstração de que o objeto de uso controlado foi efetivamente "empregado" na narcotraficância, isto é, a presença de vínculo teleológico entre o porte da arma de fogo e a venda espúria de drogas, tal como determina o art. 40, IV, da Lei nº 11.343/2006.

CONSIDERAÇÕES SOBRE O ART. 15 DA LEI Nº 10.826/2003: "DISPARO DE ARMA DE FOGO"

Art. 15. *Disparar arma de fogo ou acionar munição em lugar habitado ou em suas adjacências, em via pública ou em direção a ela, desde que essa conduta não tenha como finalidade a prática de outro crime:*
Pena – reclusão, de 2 (dois) a 4 (quatro) anos, e multa.

8.1. BEM JURÍDICO TUTELADO E SUJEITOS ATIVO E PASSIVO

Assim como nos demais crimes previstos na Lei nº 10.826/2003, tem-se como bens jurídicos tutelados a segurança e a incolumidade públicas.

Cuida-se de *crime comum*, podendo ser praticado por qualquer pessoa. A vítima principal é a coletividade (*crime vago*) e, em segundo plano, tem-se como sujeitos passivos as pessoas eventualmente presentes nos arredores do local do crime, cuja integridade física é ameaçada pela conduta do agente delitivo[1].

Aquele que atira para o alto de modo intencional, por puro deleite ou em busca de emoção, muitas vezes deixa de considerar as leis penais e também ignora uma outra, bastante importante: a lei da gravidade. Ou seja, o projétil disparado para cima (excetuada a remota hipótese de atingir uma aeronave ou um pássaro em pleno voo) irá cair rápida e livremente. E, por óbvio, na queda, pode matar ou ferir gravemente algum inocente, razão pela qual a conduta é criminalizada como delito de perigo abstrato (independentemente da produção de algum resultado danoso).

8.2. ELEMENTARES DO TIPO PENAL

Os núcleos do tipo são *disparar* arma de fogo e *acionar* munição. Disparar é o ato de atirar, descarregar ou arremessar o projétil através do mecanismo

---

[1] NUCCI, Guilherme de Souza. *Leis penais e processuais penais.* 13. ed. Rio de Janeiro: Forense, 2020. v. 2. p. 40.

precípuo da arma de fogo, ou seja, o projétil (chamado de modo corriqueiro como "bala") é expelido pela boca do cano da arma de fogo após violenta e rápida expansão de gases provocada pelo incendiamento da pólvora contida no interior do estojo do cartucho de munição. Normalmente ocorre mediante o acionamento do gatilho da arma de fogo.

Via de regra, as munições são acionadas por meio do disparo de arma de fogo. É possível conceber, todavia, hipóteses de acionamento de munição sem que seja por esse meio, como o arremesso de uma munição em direção a uma fogueira, ou ainda a detonação da espoleta com o acionamento manual (batendo nela com um prego e um martelo, por exemplo).

Constituem-se objetos materiais do crime a arma de fogo e a munição, qualquer que seja o seu grau de restrição, tendo em vista a falta de especificação no tipo penal. Nesse ponto, entendemos que, à luz do princípio da individualização das penas, o indivíduo que dispara uma arma de fogo de uso proibido ou restrito deve ter as penas-base aumentadas na primeira fase da dosimetria penal, por se tratar de conduta mais reprovável do que aquela praticada por indivíduo que dispara arma de fogo de uso permitido.

A norma penal abarca um elemento normativo espacial, exigindo que o crime seja cometido em "lugar habitado ou em suas adjacências" ou "em via pública ou em direção a ela". *Lugar habitado* é o local onde pessoas residem, permanente ou eventualmente, estabelecendo nele suas moradias (por exemplo, os bairros, as vilas ou qualquer local em que haja uma ou mais casas residenciais).

O disparo de arma de fogo em *lugar habitado* prescinde da verificação da efetiva existência de pessoas no momento do arremesso do projétil, porquanto o perigo é presumido; a presença de transeuntes, todavia, autoriza o incremento das penas-base no processo de dosagem das penas impostas ao agente delitivo que incorrer no delito em comento. As *adjacências* de um lugar habitado são os seus arredores, englobando os centros comerciais e os estabelecimentos de prestação de serviços, desde que se localizem no entorno de uma ou mais residências.

Entende-se por vias públicas os locais destinados ao trânsito de pessoas e veículos, excluindo, evidentemente, as vias que se localizam dentro de propriedades privadas (*e.g.*, fazendas e sítios). O disparo ou o acionamento de munição em direção à via pública também constitui a infração penal em estudo.

Reflexão interessante se faz com relação aos disparos de arma de fogo efetuados em rua localizada dentro de um condomínio residencial de casas. Isso porque, diferentemente do que ocorre nos loteamentos, as ruas existentes dentro de condomínios são de propriedade dos próprios condôminos, não podendo, portanto, ser classificadas como vias *públicas*. Apesar disso, entende--se que o crime estaria de todo modo consumado, porquanto os condomínios residenciais são, indubitavelmente, *locais habitados*.

8.3. ELEMENTO SUBJETIVO DO TIPO

O crime é *doloso*, inexistindo previsão de punição da forma culposa. Exige-se para a sua caracterização, ademais, a verificação de que o agente não tinha como finalidade a prática de outro crime, tratando-se de delito *subsidiário*. Assim, não comete o delito aquele que, acidentalmente, ao limpar a arma, por exemplo, efetua disparo em direção a uma via pública.

8.4. CLASSIFICAÇÃO DOUTRINÁRIA

É crime *comissivo* (exige uma ação positiva do agente delitivo para a consumação), *comum* (não se exige condição especial do agente, podendo ser praticado por qualquer pessoa), *vago* (o sujeito passivo é a coletividade), *subsidiário* (apenas se aplica quando a conduta não configurar outro crime mais grave), de *forma livre* (admite qualquer forma de execução) e *de perigo abstrato* (vide item 3.1).

8.5. PENA, AÇÃO PENAL E QUESTÕES PROCESSUAIS

Pune-se o agente incurso no art. 15 da Lei nº 10.826/2003 com as penas de "reclusão, de 2 (dois) a 4 (quatro) anos, e multa". Processa-se mediante ação penal pública incondicionada, dispensando queixa-crime ou representação criminal para a deflagração da ação. A ação penal deve ser proposta perante a Justiça Estadual, competente para o processamento e julgamento dos sujeitos envolvidos nessa espécie delitiva.

Em decorrência da pena mínima em abstrato, as medidas "despenalizadoras" previstas na Lei nº 9.099/1995 não são aplicáveis. Nada obstante, concebe-se, ao menos em tese, a possibilidade de ser concedido ao agente delitivo o acordo de não persecução penal, a substituição da pena privativa de liberdade por restritiva de direitos e a suspensão condicional da pena, desde que observados os demais requisitos legais, nos moldes do art. 28-A do CPP e dos arts. 44 e 77 do CP.

Por força da regra estampada no art. 15, parágrafo único, da Lei nº 10.826/2003, o delito de disparo de arma de fogo seria inafiançável. Apesar da previsão legal, o STF, no julgamento da ADI 3.112/DF, declarou a inconstitucionalidade material do art. 15, parágrafo único, da Lei nº 10.826/2003, conforme já discorrido no item 7.5. Logo, a impossibilidade de liberdade provisória mediante o pagamento de fiança não mais subsiste.

As causas de aumento de pena previstas no art. 20 da Lei nº 10.826/2003, com as respectivas alterações promovidas pela Lei nº 13.964/2019, são aplicáveis ao delito em comento, influindo na terceira fase da dosimetria das penas. Sobre o assunto, sugere-se a leitura da parte final do item 7.5.

8.6. PONTOS CONTROVERTIDOS

8.6.1. Concurso de crimes: posse ou porte ilegal de arma de fogo e disparo de arma de fogo

Para efetuar disparo de arma de fogo ou acionar uma munição é necessário, antes, possuir ou portar os aludidos objetos. Sabe-se, consoante já exposto, que a posse e o porte ilegal de armas de fogo, acessórios e munições são crimes autônomos, previstos nos arts. 12, 14 e 16 da Lei nº 10.826/2003, e se configuram conforme o núcleo do tipo e o grau de restrição do objeto de uso controlado.

Questiona-se, nesse cenário, se o indivíduo que dispara uma arma de fogo necessariamente responde pela conduta anterior, de possuir ou portar o objeto. A resposta varia a depender da situação concreta.

Em princípio, é possível conceber a hipótese de um sujeito que é autorizado a *possuir* uma arma de fogo dentro da sua residência e, no entanto, efetua de forma ilegal um disparo de dentro da casa e em direção à via pública, por exemplo em uma "brincadeira" entre amigos.

Não há crime de posse ilegal de arma de fogo, porquanto o indivíduo era autorizado, a partir de um Craf expedido pela Polícia Federal (ou pelo Comando do Exército, a depender do tipo de registro), a possuir e manter sob sua guarda a arma de fogo dentro da residência dele. O disparo, todavia, ocorreu em situação indevida e ilegal e, preenchidas as elementares do tipo penal dispostas no art. 15 da Lei nº 10.826/2003, restou consumado o delito em exame. Logo, o agente apenas responderá pelo crime de disparo de arma de fogo.

A segunda hipótese possível de se conceber é a do indivíduo que, num dia, na parte da manhã, adquiriu de forma ilegal uma arma de fogo de uso permitido, passou o dia carregando-a consigo e, em determinado momento da noite, decidiu efetuar um disparo em local habitado. Nesse caso, foram consumados os crimes de porte ilegal de arma de fogo de uso permitido (art. 14 da Lei nº 10.826/2003) e de disparo de arma de fogo (art. 15 da Lei nº 10.826/2003), não havendo que se cogitar da absorção de um crime pelo outro, porquanto decorreram de condutas diversas, fruto de diferentes ações e de desígnios autônomos. O ideal, então, é a aplicação cumulativa das penas ao agente delitivo, sendo evidente o concurso material de crimes, nos moldes do art. 69 do CP.

Por fim, cogita-se de situação em que o porte ilegal de arma de fogo apenas viabilizou o disparo, constituindo-se como crime-meio para a consumação do crime-fim. Nesse sentido, pode-se imaginar a hipótese fática do indivíduo que, autorizado a possuir arma de fogo, decide transportá-la a local não autorizado, situado nas adjacências de lugar habitado, com o objetivo único de efetuar disparos.

O transporte ilegal da arma de fogo somente se realizou para viabilizar a prática do crime-fim (disparo da arma). Logo, o porte ilegal da arma, em verdade, integrou o *iter criminis* do crime de disparo de arma de fogo, motivo pelo qual o crime meio deveria ser absorvido, punindo-se o agente unicamente por infringir o art. 15 da Lei nº 10.826/2003.

A questão parece tranquila se a arma de fogo é de uso permitido, já que as penas previstas em abstrato aos delitos dispostos nos arts. 14 e 15 da Lei nº 10.826/2003 são idênticas. O mesmo, porém, não se pode dizer com relação à arma de fogo de uso restrito ou proibido.

Caso a arma de fogo seja, por exemplo, de uso restrito, o crime-fim (disparo de arma de fogo) possui penas mais brandas do que as previstas para o crime--meio. Num olhar mais atento, vê-se verdadeira desobediência do legislador ao princípio da proporcionalidade, pois a conduta de disparar uma arma de fogo de uso restrito é manifestamente mais grave do que a de portá-la.

Juridicamente, entendemos pela impossibilidade de aplicação do princípio da consunção para absorver o crime mais grave, porquanto proceder dessa forma equivaleria a desvirtuar o próprio sistema jurídico-penal. Nesse ponto, orientamo-nos como Capez, que discorre[2]:

> Na primeira hipótese, em que a posse e o porte encontram-se no mesmo desenrolar causal do disparo, sendo praticados todos no mesmo impulso volitivo e sob o mesmo contexto fático, incide o princípio da subsidiariedade, respondendo o autor pelo delito mais grave. Ocorre que (pasmem) o delito mais grave, segundo os critérios políticos adotados pelo legislador, é a posse ou o porte anterior. Nesse caso, o disparo será tido como mero *post factum* não punível. Estranho, mas não há como sustentar que a infração mais branda (definida pela norma subsidiária) prevaleça sobre a mais severa (norma primária).

Não se ignora, todavia, que os pontos de vista mais rigorosos aqui expostos são minoritários na jurisprudência, sendo comum identificar-se decisões judiciais pelas quais se acolhem teses de absorção do crime de porte ilegal de arma pelo disparo de arma de fogo, ainda que a arma de fogo ou munição seja classificada como de uso restrito, desde que os ilícitos penais tenham sido praticados num mesmo contexto fático e a posse ou o porte ilegal da arma de fogo (ou munição) de uso restrito sejam o crime-meio para a execução do disparo.

Em contraposição à tese sustentada nesta obra:

> Agravo regimental no agravo em recurso especial. Porte ilegal e disparo de arma de fogo. Arts. 15 e 16 da Lei nº 10.826/2003. Existência de dúvidas quanto ao nexo de dependência entre as condutas. Análise do conjunto

---

[2] CAPEZ, Fernando. *Estatuto do Desarmamento*: comentário à Lei nº 10.826, de 22.12.2003. 3. ed. atual. São Paulo: Saraiva, 2005. p. 103.

fático-probatório dos autos. Impossibilidade. Incidência da Súmula 7/STJ. Agravo regimental improvido. 1. Entende esta Corte que não é automática a aplicação do princípio da consunção para a absorção do delito de porte ilegal de arma de fogo de uso restrito (munição) pelo de disparo, dependendo das circunstâncias em que ocorreram as condutas. 2. Existindo dúvidas até mesmo pela Corte *a quo*, soberana no exame das provas, quanto à compatibilidade entre arma de que partiu o disparo e as munições apreendidas, descabe a este Sodalício a alteração do entendimento firmado no acórdão recorrido, sob pena de afronta ao enunciado nº 7 da súmula deste Tribunal. 3. Agravo regimental improvido (AgRg no AREsp 1.116.928/PR, rel. Min. Nefi Cordeiro, 6ª Turma, j. 19.04.2018, *DJe* 02.05.2018).

Apelação criminal. Disparo de arma de fogo e porte ilegal de arma de fogo com sinal de identificação suprimido. Sentença condenatória. Defesa que requer a absolvição, sob as teses de insuficiência probatória e cerceamento do direito de defesa. Subsidiariamente, almeja a aplicação da consunção entre as condutas e o abrandamento do regime inicial de cumprimento de pena. Parcial razão. Autoria e materialidade do crime de disparo de arma de fogo devidamente comprovadas. Elementos dos autos que sustentam de forma clara e induvidosa a prática do crime em comento. Recorrente que efetuou disparo de arma de fogo em local habitado. Crime de perigo abstrato. Condenação que era mesmo de rigor. Princípio da consunção. O delito previsto no art. 16 da Lei nº 10.826/2003 deve ser absorvido pelo crime previsto no art. 15 do mesmo regramento quando praticados no mesmo contexto fático, tal como ocorreu no caso dos autos. Orientação dos Tribunais Superiores. Absolvição que se impõe. Dosimetria que demanda readequação. Viabilidade do abrandamento do regime prisional inicial para o aberto. Possibilidade de substituição da reprimenda carcerária por restritivas de direito. Recurso parcialmente provido, nos termos constantes do acórdão (TJSP, Apelação Criminal 1502255-31.2019.8.26.0537, rel. Ana Zomer, 1ª Câmara de Direito Criminal, j. 13.05.2024).

A favor da impossibilidade de absorção do crime de porte ilegal de arma de fogo de uso restrito pelo delito de disparo de arma de fogo:

Apelação criminal – Recurso defensivo – Disparo de arma de fogo em local habitado – Absolvição – Impossibilidade – Recurso ministerial – Porte ilegal de arma de fogo com numeração suprimida – Delito mais grave – Disparo de arma de fogo em via pública – *Post factum* impunível – Princípio da consunção – Aplicabilidade – Análise desfavorável das circunstâncias judiciais relacionadas aos vetores dos "maus antecedentes" e "culpabilidade" – Agente que se encontrava em cumprimento de pena – Possibilidade. 1. Considerando o princípio de que *major absorbet minorem*, deve o delito menos grave da relação concursal ser absorvido por aquele punido com pena mais severa. 2. O disparo de arma de fogo, delito menos grave, dever ser considerado *post factum* impunível, restando, portanto, absorvido pelo delito, mais grave, de porte ilegal de arma de fogo com numeração suprimida. 3. Possuindo o agente duas ou mais condenações transitadas em julgado, nada impede que uma seja reconhecida como maus antecedentes e outra ou outras como reincidência. 4. A prática de novo crime, durante o cumprimento de pena, denota maior reprovabilidade da conduta, justificando um juízo mais austero de censurabilidade, ante a análise desfavorável da "culpabilidade" do agente. Precedentes do STJ (TJMG, Apelação Criminal 1.0000.22.136130-6/001, rel. Des. Antônio Carlos Cruvinel, 3ª Câmara Criminal, j. 29.11.2022, publicação da súmula em 30.11.2022, por maioria de votos).

E não há como se aplicar aqui o princípio da consunção. Afinal, foram dois os delitos praticados pelo réu: posse de arma de fogo e de munições de uso restrito e disparo de arma de fogo, decorrentes de desígnios absolutamente independentes e autônomos, não se admitindo que o primeiro constitua mero antecedente lógico do segundo. Importante ressaltar que, ao efetuar o disparo, o acusado já havia consumado a posse ilegal de arma de fogo e de munições de uso restrito. Tanto que possuía a arma já havia 3 anos. E não se pode afirmar que o crime de porte ilegal de arma de fogo teria restado absorvido pelo crime de disparo de arma de fogo, considerando a absoluta independência dos desígnios do acusado, o que foi demonstrado pela dinâmica dos fatos.

Além disso, cumpre destacar que o disparo foi efetuado por uma arma de fogo e foram apreendidas, ademais, munições de outro calibre, de uso restrito. Demais disso, vale dizer, incogitável a absorção do crime mais grave (porte de arma de fogo) pelo menos grave (disparo), como postula a defesa (TJSP, Apelação Criminal 1500333-96.2021.8.26.0144, rel. Des. Luis Soares de Mello, 4ª Câmara de Direito Criminal, j. 14.03.2023).

Vê-se, assim, que a discussão atinente à incidência do princípio da absorção entre os delitos de porte ilegal de arma de fogo de uso restrito e de disparo de arma de fogo está longe de findar, não somente em âmbito doutrinário, mas também na seara jurisprudencial, conforme os julgados acima colacionados que bem ilustram a divergência.

8.6.2. Concurso de crimes: disparo de arma de fogo e crime de dano

No item 7.6.5, expôs-se posição no sentido de o crime de dano não absorver o crime de porte ilegal de arma de fogo, por se tratar de infrações praticadas mediante mais de uma conduta, com desígnios claros e independentes entre si. A mesma orientação, no entanto, não pode ser aplicada ao crime de disparo de arma de fogo.

Tem-se como exemplo mais clássico o crime de homicídio. O disparo da arma de fogo é o meio de cometimento do homicídio, de tal sorte que, mediante uma única ação (disparar arma de fogo), o agente delitivo incorre em dois tipos penais distintos: o previsto no art. 15 da Lei nº 10.826/2003 e aquele disposto no art. 121 do CP. O desígnio é, também, idêntico, afinal a arma de fogo somente foi acionada para *matar alguém*. Este, sim, é um caso típico de conflito aparente de normas, solucionado pelo princípio da subsidiariedade.

Isso porque, conforme se depreende da parte final da norma penal em estudo, o crime do art. 15 da Lei nº 10.826/2003 é caracterizado "desde que essa conduta não tenha como finalidade a prática de outro crime". Trata-se de nítido crime subsidiário ou, como denominava Nelson Hungria, "soldado de reserva". Assim, na situação acima retratada, o agente apenas responderá pelo crime de homicídio.

Tal previsão legislativa foi de todo infeliz, todavia, pois melhor seria se a norma não fosse prevista, dado que pode dar ensejo a situação inusitada, como se exemplifica, a seguir. Pode-se imaginar dois ladrões a caminhar numa via pública em busca de uma vítima aleatória. Um dos bandidos porta um revólver municiado e o outro não tem arma. Enquanto andam, avistam a aproximação de uma viatura policial e percebem que serão abordados pelos agentes públicos. O marginal armado, antes de ser submetido à busca pessoal, saca a arma e desfere um tiro encostado, de raspão, no braço do comparsa. Em seguida, arremessa a arma ao solo e ambos erguem os braços, em atitude de rendição. São levados ao Distrito Policial e a Autoridade vê-se compelida pela lei a desconsiderar o disparo de arma (crime-meio) para responsabilizar o atirador pelo crime de lesão corporal. Como o tiro foi de raspão e a lesão foi leve, ao invés de o sujeito ativo do delito arcar com a pena do art. 15 do Estatuto do Desarmamento (reclusão de 2 a 4 anos e multa), sujeitar-se-á à sanção prevista no art. 129, *caput*, do CP (detenção de 3 meses a 1 ano), bem inferior, portanto. Mas não é só. Não se pode esquecer que, para este último delito, a ação penal é pública condicionada à representação. Consequentemente, o Delegado de Polícia deverá inquirir a vítima (o ladrão desarmado) se deseja representar criminalmente contra o atirador, seu parceiro. Por óbvio, se a resposta for não (como se pode imaginar), o Estado ficará de mãos atadas, impossibilitado de tomar qualquer providência de cunho criminal contra o atirador. A impunidade gerada pela inusitada possibilidade representa um palpável absurdo. Para não haver punição alguma, a única possibilidade legal que se vislumbra seria a responsabilização penal do indivíduo pelo crime anterior de porte de arma, mas, como já visto, pelo entendimento jurisprudencial majoritário, estaria absorvido pelo crime de disparo de arma de fogo.

Bem fará, portanto, o Congresso Nacional se revogar a parte final do art. 15, *caput*, da Lei nº 10.826/2003. Deixar-se-á, daí, a cargo da doutrina e da jurisprudência a solução para a questão, vale dizer, para que, no caso concreto, se determine haver concurso de crimes ou conflito aparente de normas.

8.6.3. Disparo de arma de fogo ou acionamento de munição em lugar ermo

Não se constitui como criminosa a conduta de acionar munição ou disparar arma de fogo em local ermo, isto é, local inabitado e que não se constitui como via pública, desde que, nessas hipóteses, o referido lugar não habitado não seja adjacente (próximo) a lugar onde existam pessoas e bens. O disparo também não pode ser efetuado em direção ao perímetro ocupado por seres humanos ou a vias públicas.

Em suma: o disparo de arma de fogo não se subsumirá à conduta abstratamente prevista no art. 15 do Estatuto do Desarmamento quando não resultar perigo algum, como se dá num tiro para o alto em região absolutamente isolada no meio de um enorme lago, de uma grande e árida fazenda. Isso porque na hipótese não haveria perigo à vida, à saúde de alguém, nem risco de dano ao patrimônio alheio. Para aferição do perigo, o ângulo do tiro e a potência da arma e da munição precisam ser levados em conta, pois um tiro de fuzil efetuado a 45 graus pode atingir uma pessoa a quilômetros do ponto do disparo.

8.6.4. Disparo de alerta ou de advertência

Embora não seja recomendável tal conduta, não é raro que alguém (em situação de legalidade) efetue um disparo de arma de fogo para cima, como forma de intimidação de uma pessoa que se recusa a obedecer a uma ordem legal ou que deixa de cessar uma atividade ilícita (especialmente criminosa).

Nesses casos, subsistirá a prática do crime de disparo de arma de fogo? A questão deve ser solucionada pela casuística.

Subsistirá o crime se a justificativa para o disparo não for razoável nem proporcional. Assim, responderá pelo crime o pai de um viciado em drogas que, para impedir seu filho de sair pelo portão da residência a carregar um aparelho eletrodoméstico (objeto a ser trocado por *crack* com um traficante), efetua um tiro para o alto após ser desobedecido.

Por mais que se entenda o desespero do referido pai, o risco à incolumidade pública é mais relevante que seu drama pessoal e seu prejuízo patrimonial (crime de furto que não gera pena: escusa absolutória do art. 181, II, do CP).

Distinta é a hipótese de um indivíduo A que, em situação de legítima defesa, na iminência de ser injustamente agredido por pessoa B que empunha uma faca e caminha em sua direção, percebe ser inútil o alerta verbal para que o agressor se afaste e igualmente ineficiente a exibição da arma de fogo que empunha. Assim, antes de A atirar legitimamente em B, efetua um disparo de arma de fogo para o alto com vistas a evitar feri-lo ou matá-lo. Entende-se que, numa situação como essa, não há o delito de perigo, porquanto abrangida a conduta prévia pela excludente de ilicitude, já que o mal maior (o disparo de arma de fogo contra alguém) foi evitado (ou tentou-se evitar) por um mal menor (o disparo contra ninguém, em específico).

8.6.5. Necessidade de verificação técnica da aptidão da arma de fogo para realizar disparos

Como visto no item 3.2, a maioria da jurisprudência e da doutrina pátrias – incluindo estes autores – entende pela desnecessidade de apreensão e submissão à perícia das armas de fogo para a condenação de agente delitivo que incorre nos delitos do Estatuto do Desarmamento, à exceção do crime de disparo de arma de fogo.

Isso porque a apuração da incursão de um indivíduo no art. 15 da Lei nº 10.826/2003 pressupõe a verificação de que a arma de fogo se encontra em funcionamento, ou seja, é instrumento apto ao arremesso de projéteis a partir da combustão do propelente confinado na câmera, que gera a força expansiva dos gases.

A prova pericial, nesses casos, torna-se necessária ao se conceber a viabilidade de se tratar de disparo de munição de festim, conduta esta que, embora muito se assemelhe ao disparo de projétil, principalmente pelo ruído emitido, não se enquadra no tipo penal em comento, tendo em vista que a popularmente denominada "bala de festim", muito utilizada pela indústria cinematográfica para simular disparos de arma de fogo, não possui projétil na ponta do cartucho.

Ou ainda a situação de agentes da segurança pública que prendem em flagrante um indivíduo portando ilegalmente uma arma de fogo logo após ouvirem estouros produzidos pelo escapamento de uma motocicleta, confundindo o ruído com o barulho emitido quando há disparo de arma de fogo. Evidentemente, nesse caso a perícia para constatação da aptidão do armamento é imprescindível, porque, caso resulte negativa, não haverá mínimo lastro probatório que vincule o suspeito ao delito previsto no art. 15 do Estatuto do Desarmamento.

Não obstante as considerações acima expostas, pelas quais se concluiu, como regra, ser necessária a apreensão e a submissão da arma de fogo à prova pericial a fim de constatar a sua potencialidade lesiva (ou seja, capacidade de realização de disparos), entende-se, processualmente, ser viável que, na impossibilidade de realizar a prova técnica, seja ela suprida por outros meios, tais como as provas documental e oral.

Exemplificativamente, já se deparou no cotidiano forense com a situação de um sujeito que disparou em direção ao alto depois de não localizar o seu algoz e, em seguida, arremessou a arma de fogo num córrego, impossibilitando a sua apreensão e a realização de perícia técnica no objeto. A despeito disso, câmeras de monitoramento instaladas nas casas que circundavam o palco do crime captaram o momento da prática delitiva (prova documental) e, após ser confrontado pelos policiais, o agente delitivo terminou por confessar (informalmente) a sua incursão no art. 15 da Lei nº 10.826/2003 (prova oral), vindo a ser condenado, em duas instâncias de jurisdição, pela prática do delito em estudo[3].

Portanto, embora se tenha como devida a comprovação da aptidão da arma de fogo para a comprovação do crime previsto no art. 15 da Lei nº 10.826/2003, é plenamente possível que tal circunstância seja demonstrada, casuisticamente, por outros meios de prova, desde que, evidentemente, sejam suficientes a lastrear eventual condenação pelo referido delito.

8.6.6. Prescindibilidade de exame pericial residuográfico para a comprovação do crime

O exame residuográfico consiste numa espécie de análise técnico-pericial, cujo intuito é verificar a existência de resíduos de disparo de arma de fogo (*gunshot residue* – GSR) nas mãos de determinado indivíduo (normalmente, suspeito da prática do delito). Segundo Lisboa, Assis, Carvalho e Zani[4], a perícia ocorre por meio da coleta de amostras das mãos do municiando, através de fitas adesivas, as quais são submetidas a uma substância química

---

[3] Caso retratado: "Apelação criminal. Sentença condenatória. Ameaça (art. 147, *caput*, do CP) e disparo de arma de fogo (art. 15, *caput*, da Lei nº 10.826/2003). Recurso defensivo. Preliminar de anulação das provas, pela quebra da cadeia de custódia. Não acolhimento. Vícios no procedimento de garantia da higidez probatória não verificados. Defesa que, caso duvidasse da veracidade do conteúdo dos vídeos colhidos pelos policiais militares, poderia ter requerido a produção de prova pericial (art. 156 do CPP). Ausência, ademais, de prejuízo concreto suportado pelo réu (princípio *pas nullité sans grief*). Preliminar de concessão ao réu do direito de recorrer em liberdade. Impossibilidade. Manutenção das circunstâncias fáticas que ensejaram a custódia cautelar. Mérito. Materialidade e autoria delitivas devidamente apuradas. Conjunto probatório formado nos autos que é amplo e robusto, conferindo lastro à condenação do apelante por ambos os crimes. Réu que, depois de proferir ameaças de morte à vítima em meio à discussão verbal travada, deixou o local e ali retornou, alguns minutos depois, munido de uma arma de fogo, realizando um disparo em direção ao alto. Declarações da vítima confirmadas pelos depoimentos dos policiais militares, bem como por filmagens de câmeras de monitoramento existentes no local dos fatos. Legítima defesa não verificada, tendo em vista que o acusado não se encontrava em situação de 'injusta agressão, atual ou iminente'. Animosidade entre as partes que não é motivo idôneo para isentar o acusado da responsabilização penal. Condenação mantida. Penas preservadas, pois dosadas em conformidade com as normas aplicáveis ao caso. Regime inicial semiaberto estipulado para o crime de disparo de arma de fogo, dadas as circunstâncias judiciais negativas, e aberto para o delito de ameaça. Manutenção. Impossibilidade de substituição da pena privativa de liberdade por restritiva de direitos, porque não preenchidos os pressupostos legais. Preliminares rejeitadas. Recurso desprovido" (TJSP, Apelação Criminal 1500398-62.2024.8.26.0540, rel. Christiano Jorge, 15ª Câmara de Direito Criminal, j. 07.05.2024).

[4] LISBOA, Wesley Machareth; ASSIS, Joaquim Teixeira de; CARVALHO, Gil de; ZANI, José Humberto. Contaminação por resíduos de disparos de armas de fogo: perfil de variação dos contaminantes. *Revista Mundi – Engenharia, Tecnologia e Gestão*, Paranaguá, v. 3, n. 2, p. 1-11, maio 2018. Disponível em: https://bit.ly/3ZbJe4s. Acesso em: 25 jun. 2024.

denominada rodizonato de sódio. Caso apareçam pontos de cor avermelhada nas fitas, significa terem sido detectados os resíduos provenientes do disparo de uma arma de fogo.

Ocorre que há algum tempo a comunidade científica alerta pela falibilidade dos resultados de tais exames periciais. Osvaldo Negrini Neto, ex-perito do Instituto de Criminalística de São Paulo, adverte sobre a possibilidade de resultados errôneos nos exames residuográficos, principalmente os efetuados de acordo com o método *Feigl-Sutter*:

> A realização de testes científicos sobre o método de *Feigl-Sutter* (exames residuográficos metálicos – residuais) e pela microscopia eletrônica de varredura, usando como universo significativo peritos balísticos, apresentaram dados inconclusivos quanto aos resultados. Foram obtidos resultados positivos nas mãos de pessoas que não dispararam armas na data do exame, bem como resultados negativos em pessoas que haviam disparado há poucos minutos. A pesquisa indica que, além da munição, da arma, da empunhadura e eventual contaminação, outros fatores influem significativamente nos resultados. Estes fatores estão em estudos, mas podem relacionar-se com o tipo de secreção da pessoa, seu metabolismo ou ainda a causas desconhecidas. Para evitar conclusões errôneas de juristas, os laudos periciais residuográficos costumam trazer esclarecimentos quanto ao significado dos dados obtidos em nossas análises.
>
> Outro fato a considerar são as ocorrências de troca de disparos entre policiais e meliantes (estes, quando socorridos ou transportados do local dos fatos, ou ainda removidos parcialmente do sítio em que se encontravam). Neste caso, a residuografia serve apenas como orientação, pois poderá ser ineficaz: micropartículas de chumbo provenientes de abrasão do projétil e microrresíduos resultantes da carga de iniciação ou da carga propelente, podem ser (como fontes de contaminação), deslocadas das mãos dos policiais para as mãos dos meliantes, ou vice-versa, havendo a descontaminação ou mascaramento das regiões atingidas. Além do mais, policiais, por lidarem constantemente com armas, podem trazer partículas desta espécie alojadas na derme e na epiderme, sendo elas reveladas apenas pela sensibilidade do método. Outrossim, o tempo decorrido após o fato é preponderante, uma vez que pesquisas do FBI (Estados Unidos) mostraram que o número de partículas decai exponencialmente com o tempo, chegando praticamente a zero em cerca de 8 horas, nos vivos (estes exames não são, em regra, realizados em cadáveres nos Estados Unidos)[5].

Igualmente, em interessante artigo científico[6] voltado à análise da eficácia nas investigações criminais dos crimes de latrocínio ocorridos na cidade de Goiânia/GO, elaborado por pesquisadores vinculados à Universidade Federal

---

[5] NEGRINI NETO, Osvaldo. Os laboratórios criminalísticos na moderna investigação policial. Disponível em: https://bit.ly/3ZBZFJ1. Acesso em: 25 jun. 2024.

[6] JESUS, Simone de; OLIVEIRA, Dijaci David; FRATTARI, Najla Franco. O crime de latrocínio em Goiânia: interações e conflitos na cena do crime. *Dilemas: Revista de Estu-*

de Goiás e ao Instituto Federal de Educação, Ciência e Tecnologia de Goiás, os estudiosos realizaram entrevistas com peritos oficiais e outros agentes envolvidos na coleta de elementos informativos em procedimentos investigatórios, objetivando avaliar a efetividade da comunicação interinstitucional e (d)eficiência nas averiguações. Chama a atenção, para o particular objetivo deste capítulo, uma entrevista realizada com um perito criminal (cujos dados pessoais foram resguardados), no qual o profissional atestou[7]:

> Um exame que é realmente ultrapassado que pode se relacionar à autoria do crime, exame residuográfico, coleta de vestígios, disparo de arma de fogo. Nós fazemos por método fisioquímico, que apresenta falso-positivo e falso-negativo. Se der negativo, não quer dizer que você [não] atirou e se der positivo não quer dizer que você atirou. [...] Então, discutir quem efetuou o disparo a partir dos exames feitos hoje no Instituto é algo completamente obsoleto. Desde o Congresso de Balísticas e de 15 anos atrás já se discute que não deveria mais fazer. [...] Mas muitos delegados solicitam esse exame. A administração acredita que nós deveríamos ser obrigados a fazê-los. Mas são exames que não apresentam autoria ou participação de forma alguma na dinâmica. (Perito criminal 2, masc., 37 anos)

Comentando a fala do perito criminal, os pesquisadores sabiamente consignaram[8]:

> Se um exame pericial não é considerado confiável ou de utilidade pelos profissionais responsáveis pela perícia para estabelecer a dinâmica do crime e a identidade do autor, ou orientar de alguma forma a investigação, é um contrassenso a insistência da investigação cartorária em solicitá-lo diante da grande demanda de trabalho e da escassez de insumos. Os profissionais responsáveis pela perícia de local ou laboratorial são os especialistas com habilitação para orientar o delegado de polícia acerca de quais exames são mais adequados para a requisição de determinado crime. Caso essa *expertise* não seja valorizada, perde-se tempo e recursos financeiros com a produção de um laudo sem serventia.

Nessa toada, não se pode defender, numa visão obsoleta do processo penal, a necessidade, a todo custo, de realização de exame residuográfico, em especial quando os próprios peritos levantam controvérsias acerca dos resultados obtidos

---

dos de Conflito e Controle Social, v. 14, n. 3, p. 821-842, 2021. Disponível em: https://bit.ly/3ZAVSeZ. Acesso em: 25 jun. 2024.

[7] JESUS, Simone de; OLIVEIRA, Dijaci David; FRATTARI, Najla Franco. O crime de latrocínio em Goiânia: interações e conflitos na cena do crime. *Dilemas: Revista de Estudos de Conflito e Controle Social*, v. 14, n. 3, p. 832, 2021. Disponível em: https://bit.ly/3ZAVSeZ. Acesso em: 25 jun. 2024.

[8] JESUS, Simone de; OLIVEIRA, Dijaci David; FRATTARI, Najla Franco. O crime de latrocínio em Goiânia: interações e conflitos na cena do crime. *Dilemas: Revista de Estudos de Conflito e Controle Social*, v. 14, n. 3, p. 832-833, 2021. Disponível em: https://bit.ly/3ZAVSeZ. Acesso em: 25 jun. 2024.

a partir de tais análises técnicas. De outro lado, é plenamente possível que, a despeito da ausência do exame pericial em comento, o conjunto de provas seja amplamente robusto quanto à autoria delitiva do disparo de arma de fogo e, assim, embase, com segurança, uma condenação pelo crime previsto no art. 15 da Lei nº 10.826/2003.

Em consonância com o entendimento ora adotado, é possível encontrar julgados dos mais diversos Tribunais pátrios:

> Apelação criminal. Disparo de arma de fogo (art. 15 da Lei nº 10.862/2003). Sentença condenatória. Recurso exclusivo da defesa. Disparo de arma de fogo em local habitado por discussão entre vizinhos. Pleito de absolvição por insuficiência de provas. Não acolhimento. Desnecessidade de exame residuográfico e perícia para atestar há quanto tempo a arma teria sido utilizada. Conjunto de provas apto a embasar de forma segura o decreto condenatório. Autoria reconhecida pela vítima e policiais que participaram da ocorrência. Confissão realizada na fase extrajudicial. Retratação do acusado na fase judicial que destoa das demais provas produzidas nos autos. Recurso conhecido e desprovido (TJSC, Apelação Criminal 0001047-39.2012.8.24.0068, rel. Júlio César M. Ferreira de Melo, 1ª Câmara Criminal, j. 04.05.2017).
>
> Apelação criminal. Disparo de arma de fogo. Art. 15 da Lei nº 10.826/2003. Condenação. Irresignação defensiva. Recurso tempestivo. […] Por outro lado, a alegação da defesa de que não foi realizado exame residuográfico, nem apreendidas cápsulas de munição espalhadas em via pública, não impede a condenação do recorrente pelo crime do art. 15 da Lei nº 10.826/2003, uma vez que em casos desta natureza a perícia é prescindível, sendo possível a comprovação dos disparos por outros elementos de prova. Assim, restando plenamente evidenciadas a materialidade e autoria de delito de disparo de arma de fogo, pelo qual o réu foi condenado em primeira instância, impõe-se a manutenção da decisão recorrida (TJPB, Apelação Criminal 0000281-65.2017.8.15.0551, rel. Des. Ricardo Vital de Almeida, j. 24.11.2022).
>
> Revisão criminal. Disparo de arma de fogo. Ausência de comprovação de a condenação ter contrariado texto expresso de lei ou a evidência dos autos. Não é dado, em sede de revisão criminal, alterar aquilo que restou bem fundamentado por Câmara deste e. Tribunal de Justiça de São Paulo (TJSP), quando do julgamento das apelações defensivas. […]
>
> Por si só, o fato de ter sido negativo o exame residuográfico para chumbo, realizado no peticionário (fls. 09/12), mostra-se inábil a obstar a condenação pelo crime de disparo de arma de fogo. Todos os elementos colhidos durante a instrução criminal indicam a prática de referido delito. Além disso, o laudo pericial não apresenta natureza vinculante, ostentando a função de auxiliar na formação da convicção do Magistrado.
>
> Ademais, é notória a possibilidade de um falso-negativo na realização do exame residuográfico, assim como também se dá com o resultado contrário, resultando no falso-positivo, a demonstrar que tal exame pericial não

é essencial para definição da existência ou não de disparo (TJSP, Revisão Criminal 0007617-11.2023.8.26.0000, rel. Des. Christiano Jorge, 8º Grupo de Direito Criminal, j. 04.09.2023).

Diante do exposto, não se concebe a impossibilidade de condenação de um indivíduo pelo crime de disparo de arma de fogo pela ausência, por si só, da realização de exame residuográfico. Aliás, indo além, entende-se plenamente viável a condenação, ainda que o exame residuográfico realizado tenha resultado negativo, assim como a absolvição no caso de resultado positivo no exame residuográfico, dado o altíssimo índice de falha de tal prova técnica, que deve somente ser valorada pelos órgãos julgadores no caso de guardarem consonância com outras provas produzidas no curso do processo.

CONSIDERAÇÕES SOBRE O ART. 16, *CAPUT* E § 2º, DA LEI Nº 10.826/2003: "POSSE OU PORTE ILEGAL DE ARMA DE FOGO DE USO RESTRITO E PROIBIDO"

> **Art. 16.** *Possuir, deter, portar, adquirir, fornecer, receber, ter em depósito, transportar, ceder, ainda que gratuitamente, emprestar, remeter, empregar, manter sob sua guarda ou ocultar arma de fogo, acessório ou munição de uso restrito, sem autorização e em desacordo com determinação legal ou regulamentar:*
> *Pena – reclusão, de 3 (três) a 6 (seis) anos, e multa.*
> *[...]*
> *§ 2º Se as condutas descritas no caput e no § 1º deste artigo envolverem arma de fogo de uso proibido, a pena é de reclusão, de 4 (quatro) a 12 (doze) anos.*

9.1. BEM JURÍDICO TUTELADO E SUJEITOS ATIVO E PASSIVO

O bem jurídico tutelado pela norma penal é a *segurança pública* (vide capítulo 2). A infração em comento pode ser praticada por qualquer pessoa, não se exigindo condição ou qualificação especial do sujeito ativo, tratando-se de crime *comum*. É, ademais, crime *vago*, isto é, possui como vítima toda a coletividade.

9.2. ELEMENTARES DO TIPO PENAL

São nada mais, nada menos que catorze os núcleos desse tipo penal: possuir, deter, portar, adquirir, fornecer, receber, ter em depósito, transportar, ceder, emprestar, remeter, empregar, manter sob sua guarda ou ocultar.

Merece destaque o fato de o art. 16 prever todos os núcleos do tipo penal dispostos no art. 14, mais o elemento "possuir", presente também no art. 12, juntamente com "manter sob sua guarda".

Afigura-se nítido o intuito do Estado de abranger, para fins de tipificação, toda e qualquer conduta relativa às armas de fogo, munições e acessórios de uso restrito ou proibido. O grande número de condutas reduziu a rubrica (*nomen juris*) do artigo a uma restrita exemplificação, ao ilustrar a figura típica como "posse ou porte ilegal de arma de fogo de uso restrito e proibido".

Como já se expôs nos comentários aos arts. 12 e 14 da Lei (itens 5.2 e 7.2), *possuir* remete ao termo *posse* que, por sua vez, indica "o poder material sobre a coisa"[1]. Por sua vez, *manter sob guarda* significa cuidar ou ter a vigilância sobre a arma de fogo (munição ou acessório) a pedido de outrem ou em favor de terceiro. Reitera-se, aqui, a crítica feita por Guilherme de Souza Nucci[2] acerca da desnecessidade de a tipificação conter os núcleos do tipo possuir e manter sua guarda, pois a *manutenção da guarda* pressupõe a *posse*, de modo que melhor seria se o legislador optasse pelo elemento nuclear *possuir, apenas, dentre ambos*. E a crítica merece endosso, pois, como já se consignou (item 7.2), ao determinar como núcleos do tipo também os termos portar e deter, quis o legislador abranger as mais variadas formas de alguém "ter consigo" ou mesmo de "simplesmente ter" uma arma de fogo (munição ou acessório), por longo ou por breve tempo, para si ou para outrem, premeditadamente ou não, com autorização formal ou informal de alguém ou sem qualquer autorização (como se dá, por exemplo, com aquele que furta uma arma e a carrega consigo). Cabe ao doutrinador, todavia, além de exercer seu direito de crítica, estabelecer o sentido das expressões contidas na lei. Portanto, para diferenciar os núcleos, entende-se que *portar* significa carregar, levar consigo (junto ao corpo ou em local de fácil acesso corporal, como se dá, exemplificativamente, com o condutor de um carro que leva a arma sob o banco do motorista ou no porta-luvas do automóvel), mesmo que por curto intervalo de tempo ou mesmo que de modo precário, situação vislumbrada com quem encontra uma arma de fogo numa moita de praça pública e a segura ou carrega dali.

Deter é ter em detenção, ou seja, possuir a mando de outra pessoa ou precariamente. A definição jurídica de deter pode ter como parâmetro diferenciador o art. 1.198 do CC, que preceitua ser detentor aquele que exerce a posse em decorrência de relação de dependência para com outrem, mas não se limita a definição criminal pelo conceito do Direito Civil. O detentor tem a posse por curto lapso de tempo, com autorização do possuidor ou do proprietário da arma de fogo, mas para o Direito Penal, não se desnatura a detenção se o tempo de manutenção da arma de fogo se der por longo período.

Adquirir equivale a obter de forma onerosa, como se dá pela compra ou permuta, por exemplo. O verbo *fornecer*, por outro lado, engloba tanto a conduta de dispor, disponibilizar, como também a de prover (abastecer, entregar, ser fonte de algo). *Receber* é passar a possuir ou deter a partir da aceitação do

---

[1] SILVA, Oscar Joseph de Plácido e. *Vocabulário jurídico*. Atualizadores: Nagib Slaib Filho e Gláucia Carvalho. 28. ed. Rio de Janeiro: Forense, 2010. p. 1057.

[2] NUCCI, Guilherme de Souza. Armas. *Leis penais e processuais penais*. 13. ed. Rio de Janeiro: Forense, 2020. v. 2. Item 4.

objeto, entregue ao agente por outrem, de qualquer forma que não se amolde à conduta de adquirir. *Ter em depósito* é estocar, deixar em local fixo com alguma finalidade (específica ou não), mas em nome próprio.

Transportar é levar de um local a outro, ou seja, transferir a arma de fogo (munição ou acessório) do ponto de origem ao de destinação, ou simplesmente mudar de lugar o objeto material do delito (não junto ao corpo nem em local de fácil acesso corporal – hipótese em que melhor se caracterizaria como a conduta de *portar*), como se dá com aquele que desloca por poucos metros (ou muitos quilômetros) armamento dentro do porta-malas do veículo. *Ceder* corresponde ao ato de dispor da posse, de forma gratuita ou onerosa.

Emprestar é uma forma de ceder, porém com a condição futura de que a coisa será restituída. *Remeter* significa enviar, normalmente por via postal ou por emissário ou por qualquer outro modo ou meio semelhante. *Empregar* equivale ao ato de utilizar a arma de fogo (munição ou acessório), manejando-a para quaisquer fins que não estejam de acordo com determinação legal ou usá-la de outro modo, como se dá, a título de ilustração, com aquele que monta uma armadilha, colocando a arma sobre um cavalete de madeira e amarrando o gatilho a uma portinhola.

Por fim, *ocultar* é esconder, retirar de vista, colocar em local de difícil acesso visual, camuflar.

Os objetos materiais aos quais a proteção penal é voltada são as armas de fogo, os acessórios e as munições de uso restrito (*caput*) e as armas de fogo de uso proibido (figura qualificada do § 2º). Sobre o tema, remetemos o leitor ao capítulo 4, no qual diferenciamos os graus de restrição dos objetos de uso controlado tratados na Lei nº 10.826/2003.

Exige-se para a configuração do crime, ainda, que o agente pratique as condutas descritas "sem autorização e em desacordo com determinação legal ou regulamentar". Trata-se do elemento normativo do tipo, o qual deve ser aferido casuisticamente a partir das normas regulamentadoras aplicáveis na hipótese concreta.

No que concerne às armas de fogo de uso restrito, o art. 27 do Estatuto do Desarmamento atribui ao Comando do Exército a competência para autorizar, "excepcionalmente", os indivíduos a adquiri-las. O STF, no julgamento da já comentada ADI 6.139/DF, conferiu interpretação conforme a Constituição à norma legal em comento para reconhecer uma "excepcionalidade de segundo nível"[3] na aquisição de armas de fogo de uso restrito, fixando a tese hermenêutica de que "[a] aquisição de armas de fogo de uso restrito só pode ser autorizada no interesse da própria segurança pública ou da defesa nacional, não em razão do interesse pessoal do requerente".

---

[3] Termo cunhado pelo eminente Ministro Edson Fachin na p. 48 do voto vencedor. Disponível em: https://bit.ly/49mX48S. Acesso em: 2 nov. 2024.

Note-se que nos casos das armas de fogo, dos acessórios e das munições de uso restrito e proibido, não é feita distinção entre as condutas de portar e de possuir (na residência ou no trabalho), assim como ocorre com os objetos de uso permitido (arts. 12 e 14 da Lei nº 10.826/2003). Ao contrário, os ilícitos são equiparados em nível de gravidade e punidos com as mesmas sanções.

9.3. ELEMENTO SUBJETIVO DO TIPO

O crime é doloso, não se punindo a forma culposa por ausência de previsão legal. Não é exigida qualquer finalidade específica para a consumação.

9.4. CLASSIFICAÇÃO DOUTRINÁRIA

Cuida-se de crime *comissivo* (praticado por meio de uma ação positiva), *de forma livre* (admite-se qualquer meio para a execução) e *de perigo abstrato* (vide item 3.1). É, ainda, crime *de ação múltipla* (ou de *conteúdo variado*), bastando a prática de um dos verbos nucleares para a consumação.

Ainda, a depender do núcleo do tipo, é classificado como *instantâneo* (condutas de adquirir, fornecer, receber, ceder, emprestar, remeter e empregar) ou *permanente* (condutas de possuir, portar, deter, ter em depósito, transportar, manter sob a guarda e ocultar). Para aprofundamento das consequências jurídicas do crime permanente, remetemos o leitor ao item 5.6.2.

9.5. PENA, AÇÃO PENAL E QUESTÕES PROCESSUAIS

Na forma do *caput*, isto é, se as condutas forem voltadas às armas de fogo, aos acessórios e às munições de uso restrito, serão aplicáveis ao sujeito ativo as penas de "reclusão, de 3 (três) a 6 (seis) anos, e multa".

Já na forma qualificada, prevista no § 2º do mesmo dispositivo legal, o qual foi instituído pela Lei nº 13.964/2019 (popularmente conhecida como Pacote Anticrime), optou-se por alterar os limites em abstrato da pena cominada, estabelecendo-a em "4 (quatro) a 12 (doze) anos de reclusão". À evidência, o legislador se esqueceu de prever a pena de multa, a qual é cominada a todos os tipos penais do Estatuto do Desarmamento. Assim, por força dos princípios da reserva legal e da anterioridade, não há cumulação da pena privativa de liberdade com a pena de multa na figura do § 2º do art. 16.

Processa-se mediante ação penal pública incondicionada, a qual deverá ser proposta perante a Justiça Estadual, competente para o processamento e julgamento dos sujeitos envolvidos nessa espécie delitiva.

Em relação aos benefícios processuais, são inaplicáveis as medidas "despenalizadoras" e a suspensão condicional do processo previstas na Lei nº 9.099/1995, dadas as penas mínimas cominadas no preceito normativo secundário do *caput* e no § 2º. Para ambas as figuras delitivas, a suspensão condicional da pena é inviável, salvo se verificada alguma das duas situações dispostas no art. 77, § 2º, do CP.

Quanto ao crime de posse ou porte ilegal de arma de fogo de uso restrito (*caput*), é possível, ao menos em tese, o oferecimento de acordo de não persecução penal e a suspensão condicional da pena, desde que presentes no caso concreto os demais pressupostos exigidos nos arts. 28-A do CPP e 44 do CP.

Com relação à figura qualificada (§ 2º), não é possível o oferecimento de acordo de não persecução penal, pois a pena mínima é igual a quatro anos. É viável, contudo, a suspensão condicional da pena, desde que verificados os requisitos do art. 44 do CP.

Nos termos do art. 21 da Lei nº 10.826/2003, o legislador entendeu por bem vedar a concessão de liberdade provisória aos sujeitos incursos nas condutas tipificadas no art. 16 da referida lei. O aludido dispositivo legal, todavia, foi declarado inconstitucional pelo STF no exercício do controle concentrado de constitucionalidade.

Deveras, no julgamento da ADI 3.112-1/DF, de relatoria do Ministro Ricardo Lewandowski, decidiu-se pela inconstitucionalidade material do art. 21 da Lei nº 10.826/2003, por violação não só ao art. 5º, LVII, da CF (princípio da presunção de inocência), mas também ao art. 5º, LXI, c.c. o art. 93, IX, ambos da CF (necessidade de a prisão provisória ser embasada em ordem judicial fundamentada)[4].

---

[4] "Ação direta de inconstitucionalidade. Lei nº 10.826/2003. Estatuto do Desarmamento. Inconstitucionalidade formal afastada. Invasão da competência residual dos estados. Inocorrência. Direito de propriedade. Intromissão do estado na esfera privada descaracterizada. Predominância do interesse público reconhecida. Obrigação de renovação periódica do registro das armas de fogo. Direito de propriedade, ato jurídico perfeito e direito adquirido alegadamente violados. Assertiva improcedente. Lesão aos princípios constitucionais da presunção de inocência e do devido processo legal. Afronta também ao princípio da razoabilidade. Argumentos não acolhidos. Fixação de idade mínima para a aquisição de arma de fogo. Possibilidade. Realização de referendo. Incompetência do Congresso Nacional. Prejudicialidade. Ação julgada parcialmente procedente quanto à proibição do estabelecimento de fiança e liberdade provisória. [...] V – Insusceptibilidade de liberdade provisória quanto aos delitos elencados nos arts. 16, 17 e 18. Inconstitucionalidade reconhecida, visto que o Texto Magno não autoriza a prisão *ex lege*, em face dos princípios da presunção de inocência e da obrigatoriedade de fundamentação dos mandados de prisão pela autoridade judiciária competente. [...] IX – Ação julgada procedente, em parte, para declarar a inconstitucionalidade dos parágrafos únicos dos arts. 14 e 15 e do art. 21 da Lei nº 10.826, de 22 de dezembro de 2003" (ADI 3.112, rel. Min. Ricardo Lewandowski, Tribunal Pleno, j. 02.05.2007).

Aplicam-se ao delito previsto no art. 16 da Lei nº 10.826/2003 as causas de aumento de pena previstas no art. 20 da mesma lei, conforme já discorrido na parte final do item 7.5.

9.6. PONTOS CONTROVERTIDOS

9.6.1. Inaptidão da arma de fogo, do acessório ou da munição

Vide item 5.6.5.

9.6.2. Porte de pouca quantidade de munição e a inaplicabilidade do princípio da insignificância

Vide item 5.6.3.

9.6.3. Concurso entre o crime praticado com emprego de arma de fogo e o porte de arma de fogo

Vide item 7.6.5.

9.6.4. Exercício da legítima defesa com o emprego de arma de fogo, sem autorização e em desacordo com determinação legal e regulamentar

Vide item 7.6.6.

9.6.5. Posse ou porte de mais de um objeto de uso controlado

Vide item 5.6.6.

9.6.6. A venda de arma de fogo de uso restrito ou proibido sem autorização e em desacordo com determinação legal e regulamentar

Vide item 7.6.7.

9.6.7. Arma de fogo desmuniciada

Vide item 5.6.4.

9.6.8. *Abolitio criminis* da conduta de possuir ou portar munição ou acessório de uso proibido

Antes da reforma promovida pela Lei nº 13.964/2019, as condutas de possuir ou portar, de forma ilegal, armas de fogo, acessórios ou munições de uso restrito e proibido eram punidas com o mesmo rigor, na forma do *caput*.

Ao elevar as penas em relação aos objetos controlados de uso proibido, todavia, o legislador incorreu em inaceitável omissão: previu como objeto material da norma penal prevista no § 2º do art. 16 apenas as *armas de fogo* de uso proibido, excluindo a expressão "de uso proibido" do *caput* e silenciando quanto às munições e aos acessórios assim classificados (de uso proibido).

Não nos parece haver outra interpretação que não a de ter ocorrido indesejável *abolitio criminis* na conduta de possuir ou portar ilegalmente munições e acessórios de uso proibido. Afinal, não se poderia conceber da abrangência de munições e acessórios de uso proibido na figura do *caput* do art. 16 da Lei nº 10.826/2003, porquanto o Direito Penal não admite analogia *in malam partem*, isto é, em desfavor do acusado.

Além disso, conforme exaustivamente exposto, as munições e os acessórios de uso restrito são tecnicamente diferentes daqueles classificados como de uso proibido, assim como ocorre com os de uso permitido, tratando-se de objetos materiais distintos.

Por isso, torna-se inviável simplesmente entender que o porte ou a posse ilegal de munição e acessório de uso proibido estaria englobado na figura do *caput*, a qual se dirige especificamente aos objetos de uso restrito, sob risco de violar o princípio constitucional da reserva legal.

Dessa forma, inexistindo norma penal incriminadora, à luz do princípio da legalidade, não mais se constitui como criminosa a conduta de possuir e portar, de forma ilegal, acessório e munição de uso proibido.

Frise-se, porém, não ser unânime a posição adotada, embora a discussão ainda se apresente tímida em nível doutrinário. Ricardo Silvares compreende que, apesar de a norma penal incriminadora não englobar, expressamente, as munições e os acessórios de uso proibido, tratou-se de mero erro, tendo o tipo penal dito menos do que deveria. Compreende o ilustre autor, à luz do *nomen iuris* do crime e da interpretação sistemática do Estatuto do Desarmamento, dever o porte ilegal de munição e acessório de uso proibido ser enquadrado no § 2º do art. 16[5].

---

[5] SILVARES, Ricardo. Desarmamento – Lei nº 10.826/2003. In: CUNHA, Rogério Sanches et al. *Leis penais especiais comentadas*. 7. ed. São Paulo: JusPodivm, 2024. Capítulo 29. p. 1648-1649.

Conquanto nos pareça lógica a orientação exposta pelo doutrinador, entende-se não ser possível violar princípios penais de ordem constitucional, tais como os da legalidade e da anterioridade, a fim de aplicar analogicamente o art. 16, § 2º, da Lei nº 10.826/2003 aos portadores/possuidores de munições e acessórios de uso proibido. Inevitavelmente, estar-se-ia punindo um indivíduo sem prévia lei estipulando a conduta como criminosa. A violação da lógica do Estatuto do Desarmamento, a nosso ver, não prevalece sobre o direito fundamental à liberdade.

9.6.9. Caráter hediondo do delito de posse e porte ilegal de arma de fogo de uso proibido

A Lei nº 13.497/2017, alterando o parágrafo único do art. 1º da Lei nº 8.072/1990 (conhecida como Lei de Crimes Hediondos), elencou no rol de crimes considerados hediondos (parágrafo único, II, do mencionado art. 1º) as figuras previstas no art. 16 da Lei nº 10.826/2003, isto é, a posse e o porte ilegal de arma de fogo, munições e acessórios de uso proibido e restrito.

Nesse aspecto, especialmente em âmbito jurisprudencial, iniciou-se intenso debate acerca da abrangência do art. 1º, parágrafo único, da Lei de Crimes Hediondos, uma vez que a modificação promovida pela Lei nº 13.497/2017 limitou-se a apontar o caráter hediondo do delito "de posse ou porte ilegal de arma de fogo de uso restrito, previsto no art. 16 da Lei nº 10.826, de 22 de dezembro de 2003", sem mencionar as formas equiparadas ao *caput*.

O STJ, instado por diversas vezes a debruçar-se sobre a questão, entendeu, inicialmente, que a falta de especificação da inovação legislativa deveria receber interpretação ampliativa, isto é, de que passaram a ostentar caráter hediondo todas as condutas do *caput* e do então parágrafo único (posteriormente transformado em § 1º, pela Lei nº 13.964/2019).

Contudo, no julgamento do HC 525.249/RS[6] (incluído no Informativo Extraordinário nº 01), sob a relatoria da Ministra Laurita Vaz, a Corte superou a orientação inicial (*overruling*), decidindo pelo afastamento da natureza hedionda das condutas equiparadas ao *caput* do art. 16 do Estatuto do Desarmamento.

Anos depois, sobreveio nova alteração, dessa vez promovida pela Lei nº 13.964/2019 (conhecida como Pacote Anticrime), no sentido de definir como hediondo o crime de "posse ou porte ilegal de arma de fogo de uso proibido, previsto no art. 16 da Lei nº 10.826, de 22 de dezembro de 2003", excluindo

---

[6] Disponível em: https://bit.ly/3ZmJ76n. Acesso em: 12 nov. 2024.

do aludido rol o delito de posse ou porte ilegal de arma de fogo de uso restrito, além das munições e os acessórios de uso restrito e até de uso proibido[7].

Nessa senda, consoante a legislação atualmente vigente, apenas se configura como hediondo o delito disposto no art. 16, § 2º, da Lei nº 10.826/2003, em evidente contrassenso lógico, afinal a conduta de portar uma arma de fogo de uso restrito (por exemplo, um fuzil), no mais das vezes, é bastante mais grave do que a de fazê-lo com relação a uma arma de fogo de uso proibido (uma pistola-caneta, por hipótese). Ademais, são raríssimos os casos apurados de "porte" de armas de uso proibido pela atual sistemática, o que leva a um esvaziamento da norma em termos de aplicabilidade. De igual modo, refoge da sistemática do Estatuto e da razoabilidade que o porte, a posse etc. das munições e dos acessórios de arma de fogo de uso proibido não tenham a marca legal da hediondez. Enfim, soam incompreensíveis as últimas mudanças normativas sobre o tema.

Finalmente, em 18 de abril de 2024, o STJ aprovou a edição da Súmula nº 668, segundo a qual: "Não é hediondo o delito de porte ou posse de arma de fogo de uso permitido, ainda que com numeração, marca ou qualquer outro sinal de identificação raspado, suprimido ou adulterado". À primeira vista, a orientação pode aparentar mero reforço à previsão legal, afinal se o Pacote Anticrime excluiu da Lei de Crimes Hediondos as condutas previstas no art. 16, *caput*, da Lei nº 10.826/2003, por mais razão o teria feito com relação às formas equiparadas do seu § 1º. Este, porém, não foi o intuito da elaboração da Súmula.

Analisando os precedentes originários da aprovação do enunciado sumular, verifica-se ter o STJ, em realidade, assentado a posição (alhures exposta) de que os crimes de posse ou porte ilegal de arma de fogo de uso permitido com numeração, marca ou qualquer outro sinal de identificação raspado, suprimido ou alterado – equiparados ao art. 16, *caput*, do Estatuto do Desarmamento, portanto –, cometidos a partir da publicação da Lei nº 13.497/2017 não possuem natureza hedionda. Buscou-se, pois, afastar orientações jurídicas similares àquela inicialmente adotada pela própria Corte Superior, antes da modificação jurisprudencial.

9.6.10. Porte funcional, conferido a membros da Magistratura e do Ministério Público, de armas de fogo de uso restrito

Discussão interessante e latente envolve a possibilidade de membros da Magistratura e do Ministério Público adquirirem armas de fogo, munições e acessórios classificados como *de uso restrito*.

---

[7] Lei nº 8.072/1990 (Lei dos Crimes Hediondos): "Art. 1º São considerados hediondos os seguintes crimes [...]. Parágrafo único. Consideram-se também hediondos, tentados ou consumados: [...] II – o crime de posse ou porte ilegal de arma de fogo de uso proibido, previsto no art. 16 da Lei nº 10.826, de 22 de dezembro de 2003".

Isso porque o art. 33, V, da Lei Complementar nº 35/1979 (conhecida como Lei Orgânica da Magistratura Nacional) e o art. 42 da Lei nº 8.625/1993 (conhecida como Lei Orgânica Nacional do Ministério Público) autorizam aos integrantes de tais instituições o porte de arma de fogo, sem qualquer restrição ou indicação da natureza do objeto de uso controlado.

É verdade que a Lei Complementar nº 35/1979, diferentemente da Lei nº 8.625/1993, recai em verdadeira confusão conceitual ao prever como prerrogativa do magistrado "portar arma *de defesa pessoal*", porque, conforme visto, não é necessário ao membro da Magistratura Nacional demonstrar a efetiva necessidade de autodefender-se para obter a autorização de porte de arma de fogo, a qual, na realidade, vincula-se, objetivamente, ao cargo público exercido.

De todo modo, nenhuma das legislações específicas limita a categoria de armas de fogo que podem ser adquiridas pelos integrantes de tais instituições, o que leva a crer ser-lhes possível adquirir e portar armas de fogo de uso restrito, porque as respectivas autorizações legais eliminam a elementar normativa "sem autorização e em desacordo com determinação legal ou regulamentar".

No mesmo sentido:

> A questão é controvertida, mas entendemos que as duas leis não fazem qualquer distinção a respeito do tipo de arma que pode ser portada pelos membros do Ministério Público, havendo apenas menção, quanto aos magistrados, a "armas de defesa pessoal".
>
> No entanto, mesmo nesse último caso, armas de defesa pessoal não são, necessariamente, de uso permitido, caso consideremos as definições normalmente encontradas na literatura especializada. E, ainda que assim não fosse, caber-nos-ia verificar se existe alguma definição em nosso ordenamento jurídico a respeito, o que teria prevalência sobre qualquer definição doutrinária. E o fato é que não existe definição de "arma de defesa pessoal" nas normas em vigor[8.]

Igualmente, já decidiu o egrégio STJ:

> Penal. Art. 16 do Estatuto do Desarmamento. Posse de arma de uso restrito. Conselheiro de Tribunal de Contas equiparado a desembargador. Lei Orgânica da Magistratura. Direito a porte de arma para defesa pessoal. Não discriminação na Loman entre arma de uso permitido e de uso restrito. Invasão de competência de normas infralegais em matéria relativa a direitos e prerrogativas da magistratura. Atipicidade. 1. O art. 16 do Estatuto do Desarmamento (Lei nº 10.826/2003) é norma penal em branco que delega à autoridade executiva definir o que é arma de uso restrito. A norma infralegal não pode, contudo, revogar direito previsto no art. 33, V, da Lei Complementar nº 35/1979 – Lei Orgânica da Magistratura – e que implique ainda a criminalização da

---

[8] SILVARES, Ricardo. Desarmamento – Lei nº 10.826/2003. In: CUNHA, Rogério Sanches et al. *Leis penais especiais comentadas.* 7. ed. São Paulo: JusPodivm, 2024. Capítulo 29. p. 1613.

conduta. 2. A prerrogativa constante na Loman não faz distinção do direito ao porte de arma e munições de uso permitido ou restrito, desde que com finalidade de defesa pessoal dos magistrados. Paralelismo entre magistrado de segundo grau e conselheiro de Tribunal de Contas estaduais reconhecido constitucionalmente. 3. Não se trata de hierarquia entre lei complementar e ordinária, mas de invasão de competência reservada àquela por força do art. 93 da Constituição de 1988, que prevê lei complementar para o Estatuto da Magistratura. Conflito de normas que se resolve em favor daquela mais benéfica para abranger o direito também em relação à arma e munição de uso restrito. 4. A Portaria do Comando do Exército nº 209/2014 autoriza membro do Ministério Público da União ou da magistratura a adquirir até duas armas de uso restrito (ponto 357 Magnum e ponto 40) sem mencionar pistolas 9 mm. É indiferente reconhecer a *abolitio criminis* por analogia, diante de lei própria a conferir direito de porte aos magistrados. 5. Denúncia julgada improcedente com fundamento no art. 386, III, do CPP (APn 657/PB, rel. Min. João Otávio de Noronha, Corte Especial, j. 21.10.2015, *DJe* 29.10.2015).

É certo, todavia, que, embora a Corte Superior compreenda, assim como a tese defendida nesta obra, ser possível aos Magistrados e membros do Ministério Público adquirir, possuir e portar armas de fogo de uso restrito, é assente na jurisprudência daquele Tribunal ser imprescindível que o objeto de uso controlado seja registrado e, para tanto, o seu proprietário cumpra os requisitos legais, dentre eles a "comprovação de capacidade técnica e de aptidão psicológica para o manuseio de arma de fogo" (art. 4º, III, da Lei nº 10.826/2003)[9].

---

[9] Confira-se: "Administrativo. Registro de arma de fogo. Comprovação de capacidade técnica. Membro do Ministério Público. Necessidade. Porte e registro. Distinção. 1. O Estatuto do Desarmamento estabelece que o registro do material bélico é obrigatório, nos órgãos competentes (art. 3º da Lei nº 10.826/2003) proibindo o porte de arma em todo o território nacional, salvo para os casos previstos em legislação própria (art. 6º da Lei nº 10.826/2003). 2. A Lei nº 10.826/2003 condiciona a aquisição de arma de fogo e a expedição do respectivo registro ao cumprimento de requisitos dispostos no art. 4º da referida lei. Segundo o art. 4º, III, do Estatuto do Desarmamento, para o registro de arma de fogo é necessário, entre outros requisitos, que o interessado comprove capacidade técnica para o manuseio de arma de fogo, atestada na forma disposta no regulamento da Lei nº 10.826/2003. 3. A Lei nº 8.625/1993 (Lei Orgânica Nacional do Ministério Público) garante o porte de arma, independentemente de qualquer ato formal de licença ou autorização (art. 42), com similar prerrogativa aos magistrados (art. 33 da Lei Orgânica da Magistratura Nacional). 4. A capacidade técnica é um dos requisitos para o registro de arma de fogo, e não para o porte de arma. O presente requisito técnico visa atestar que o interessando possui conhecimentos básicos, teóricos e práticos, para o manuseio e uso de arma de fogo que se pretende adquirir. Não resta dúvida de que aquele que visa adquirir arma de fogo deve ao menos conhecer o funcionamento do instrumento bélico, bem como as normas de segurança sobre o uso e manuseio de arma de fogo. 5. O STJ, na APn 657/PB, teve a oportunidade de consignar que a Lei nº 10.826/2003 'não dispensa o respectivo registro de arma de fogo, não fazendo exceções quanto aos agentes que possuem autorização legal para o porte ou posse de arma'. 6. A *mens legis* do Estatuto do Desarmamento sempre foi a de restringir o porte e a posse

Corroborando a posição que já vinha sendo majoritariamente adotada pela doutrina e pela jurisprudência, o art. 13, II, do Decreto nº 11.615/2023 previu como ressalva à vedação da comercialização de armas de fogo de uso restrito e de suas munições as aquisições pelos integrantes das instituições públicas.

Em complemento à normativa infralegal e a fim de encerrar o debate (ao menos com relação à Magistratura), o CNJ, reunido em sessão ordinária realizada em 11 de junho de 2024, editou a Resolução nº 566[10], que, dentre outras inovações regulamentares, passou a autorizar expressamente "a aquisição direta de armas e munições de uso restrito, tratada no art. 13, inciso II, do Decreto nº 11.615/2023 [...] aos membros da Magistratura e aos integrantes da Polícia Judicial que tenham autorização de porte de arma funcional vigente".

Portanto, pelo atual regime, parece não haver mais espaço para controvérsias a níveis legal e regulamentar, sendo possível aos membros da Magistratura (e, também, do Ministério Público, a teor do art. 13, II, do Decreto nº 11.615/2023) a aquisição e o porte de arma de fogo de uso restrito e suas respectivas munições.

---

de armas de fogo, estabelecendo regras rígidas para este fim. Há também um procedimento rigoroso de registro e recadastramento de material bélico. 7. Recurso especial provido" (REsp 1.327.796/BA, rel. Min. Herman Benjamin, 2ª Turma, j. 28.04.2015, *DJe* 04.08.2015).

[10] Disponível em: https://bit.ly/3DdfDQP. Acesso em: 20 jul. 2024.

CONSIDERAÇÕES SOBRE O ART. 16, § 1º, DA LEI Nº 10.826/2003: CONDUTAS EQUIPARADAS AO CRIME DE "POSSE OU PORTE ILEGAL DE ARMA DE FOGO DE USO RESTRITO"

Art. 16. [...]

§ 1º Nas mesmas penas incorre quem:

I – suprimir ou alterar marca, numeração ou qualquer sinal de identificação de arma de fogo ou artefato;

II – modificar as características de arma de fogo, de forma a torná-la equivalente a arma de fogo de uso proibido ou restrito ou para fins de dificultar ou de qualquer modo induzir a erro autoridade policial, perito ou juiz;

III – possuir, deter, fabricar ou empregar artefato explosivo ou incendiário, sem autorização ou em desacordo com determinação legal ou regulamentar;

IV – portar, possuir, adquirir, transportar ou fornecer arma de fogo com numeração, marca ou qualquer outro sinal de identificação raspado, suprimido ou adulterado;

V – vender, entregar ou fornecer, ainda que gratuitamente, arma de fogo, acessório, munição ou explosivo a criança ou adolescente; e

VI – produzir, recarregar ou reciclar, sem autorização legal, ou adulterar, de qualquer forma, munição ou explosivo.

Pena – reclusão, de 3 (três) a 6 (seis) anos, e multa.

§ 2º Se as condutas descritas no caput e no § 1º deste artigo envolverem arma de fogo de uso proibido, a pena é de reclusão, de 4 (quatro) a 12 (doze) anos.

10.1. CONSIDERAÇÕES INTRODUTÓRIAS

As condutas elencadas nos incisos do § 1º do art. 16 da Lei nº 10.826/2003, embora previstas como "equiparadas" ao *caput* do mesmo dispositivo legal, não guardam com ele nenhuma relação. Melhor seria, então, que fossem elas dispostas em normas penais distintas, conferindo-lhes tratamentos jurídicos próprios, mais adequados aos seus diversos graus de lesividade.

Os tipos penais em comento buscam tutelar, em comum, os bens jurídicos consistentes na *segurança* e na *incolumidade públicas*. Algumas das previsões normativas, todavia, são voltadas à proteção, também, de outros bens jurídicos, tal como ocorre nos incisos I e IV, pelos quais se tutela a *fé pública*, no inciso II, pelo qual se tutela a *administração da Justiça*, e, por fim, no inciso V, pelo qual se tutelam as *integridades física e psíquica das crianças e dos adolescentes*.

No mais, tratando-se de formas equiparadas ao *caput*, forçoso reconhecer que os aspectos concernentes aos sujeitos ativo e passivo e às penas, ação penal e benefícios processuais são idênticos aos discorridos nos comentários dos crimes previstos no *caput* e § 2º do art. 16 (itens 9.1. e 9.5), sendo, pois, desnecessária a repetição.

Às hipóteses previstas nos incisos do § 1º do art. 16 aplica-se a qualificadora disposta no § 2º do mesmo dispositivo legal, alterando as balizas das sanções e punindo com maior rigor as condutas que tenham como objeto material as armas de fogo de uso proibido.

10.2. ELEMENTARES DOS TIPOS PENAIS, CLASSIFICAÇÕES DOUTRINÁRIAS E PONTOS CONTROVERTIDOS

10.2.1. Inciso I

São núcleos do tipo penal os verbos *suprimir* ou *alterar*. Suprimir corresponde ao ato de excluir, extrair, apagar, retirar ou ainda ocultar. Alterar, por outro lado, é modificar as características. As condutas devem ser direcionadas à marca, à numeração ou a qualquer sinal de identificação de *arma de fogo* ou *artefato* (leia-se acessório ou munição).

Não se exige a integral supressão ou alteração de marca, numeração ou sinal identificador, respondendo pelo delito, também, o agente que o faz de forma parcial (por exemplo, suprimindo apenas alguns dos caracteres alfanuméricos de identificação da arma de fogo).

O indivíduo que comete o crime em estudo dificulta o controle estatal sobre as armas de fogo, porquanto retira do objeto os elementos capazes de individualizá-lo perante o Estado, impedindo o rastreio da sua origem, por exemplo. Por esse motivo, não oferece perigo apenas à *segurança pública*, mas também à *fé pública*.

A norma penal não faz remissão ao grau de restrição da arma de fogo ou do acessório, podendo as condutas do sujeito ativo serem direcionadas, inclusive, às armas de fogo de uso permitido. Ressalte-se, porém, que caso o objeto material seja uma arma de fogo de uso proibido, restará caracterizada a qualificadora do art. 16, § 2º, da Lei nº 10.826/2003.

Trata-se de crime *comissivo* (cometido mediante uma ação positiva), de *forma livre* (pode ser praticado por qualquer modo de execução), *comum* (não se exige condição especial do agente delitivo para a consumação), *vago* (possui como vítima a coletividade), *instantâneo* (consuma-se em momento único), *plurissubsistente* (os atos executórios se desdobram em mais de uma conduta) e de *perigo abstrato* (vide item 3.1).

10.2.2. Inciso II

Neste inciso, há somente um núcleo do tipo: *modificar*. Modificar equivale a transformar as características de um objeto. No caso, pune-se a conduta de alterar as características de arma de fogo de forma a *torná-la equivalente a arma de fogo de uso proibido ou restrito* ou *dificultar* a sua correta identificação por autoridade policial, perito ou juiz.

Perceba-se que, diferentemente do inciso I, a alteração não se dirige às marcas e aos sinais de identificação da arma de fogo, mas sim às próprias características do objeto, o que pode ocorrer, por exemplo, com a modificação da arma de fogo para alterar seu calibre, de forma a aumentar a energia cinética atingida na saída do cano de prova ou a transformação de uma pistola semiautomática em arma automática.

Exige-se, ademais, uma das duas finalidades específicas dispostas na norma para a configuração do delito em comento: (i) a intenção de tornar a arma de fogo equivalente àquelas de uso proibido ou restrito ou (ii) dificultar a correta classificação (quanto ao grau de restrição) da autoridade policial, de perito ou de magistrado.

Na conduta prevista na parte final do inciso II (*modificar as características de arma de fogo de forma a dificultar ou de qualquer modo induzir a erro autoridade policial, perito ou juiz*), o sujeito passivo, para além da coletividade, é o Estado. Causa espécie a omissão aos membros do Ministério Público e a outros integrantes das forças policiais ou mesmo de integrantes das Forças Armadas, posto que possuem a possibilidade de presidir procedimentos de investigação criminais e também administrativos que envolvem armamentos.

Classifica-se, doutrinariamente, como crime *comissivo* (cometido mediante uma ação positiva), de *forma livre* (pode ser praticado por qualquer modo de execução), *comum* (não se exige condição especial do agente delitivo para a consumação), *instantâneo* (consuma-se em momento único), *plurissubsistente* (os atos executórios se desdobram em mais de uma conduta) e de *perigo abstrato* (vide item 3.1).

10.2.3. Inciso III

São núcleos do tipo: *possuir* (ter a coisa em poder), *deter* (ter a mando ou em nome de outra pessoa), *fabricar* (produzir, construir ou desenvolver) e *empregar* (utilizar, usar). As condutas devem ser direcionadas a artefato explosivo ou incendiário, objetos materiais do tipo penal.

Enquanto no inciso I o termo *artefato* é utilizado como sinônimo de acessório, no inciso III equivale a munição, demonstrando a atecnia legislativa e o descompromisso com a univocidade dos termos científicos – críticas já tecidas no capítulo 4, razão pela qual nesta obra se opta por entender artefato como gênero que abrange tanto as munições como os acessórios de armas de fogo.

Munição explosiva é aquela que contém "tipo de matéria que, quando iniciada, sofre decomposição muito rápida, com grande liberação de calor e desenvolvimento súbito de pressão", conforme se extrai do Glossário contido no Anexo III do Decreto nº 10.030/2019. "A reação química de um explosivo é muito rápida e, na maioria dos casos, violenta. Essa reação, chamada de explosão, provoca deslocamentos de matérias. No ar, chama-se 'efeito sopro'; nos líquidos, 'efeitos de onda' e nos sólidos, 'efeitos de choque'"[1].

Munição incendiária, por sua vez, é aquela capaz de provocar fogo, composta de material inflamável. À evidência, a mera posse de substância inflamável (tal como álcool ou gasolina) não caracteriza o delito, sendo necessário que o sujeito ativo tenha em seu poder munição ou, como prefere o legislador, "artefato".

Assim como em outros tipos penais estudados, há previsão do elemento normativo do tipo "sem autorização e em desacordo com determinação legal ou regulamentar", remetendo a disciplina regulamentar às normas legais e infralegais.

Com o advento da Lei nº 10.826/2003, houve derrogação do art. 253 do CP (crime de *fabrico, fornecimento, aquisição, posse ou transporte de explosivos ou gás tóxico, ou asfixiante*)[2], em evidente *novatio legis in pejus*. A norma contida no CP, todavia, segue vigente em relação aos gases tóxicos ou asfixiantes.

Trata-se de crime *comissivo* (cometido mediante uma ação positiva), de *forma livre* (pode ser praticado por qualquer modo de execução), *comum* (não se exige condição especial do agente delitivo para a consumação), *instantâneo* (condutas de fabricar e empregar) ou *permanente* (condutas de possuir e deter), *plurissubsistente* (os atos executórios se desdobram em mais de uma conduta) e de *perigo abstrato* (vide item 3.1).

---

[1] REIS JR., Almir Santos; SANTOS, Christiano Jorge. Posse ou porte ilegal de arma de fogo de uso restrito – art. 16 da Lei nº 10.826/2003. In: HAMMERSCHMIDT, Denise (coord.). *Crimes hediondos e assemelhados = Heinous crimes*. Curitiba: Juruá, 2020. p. 306.

[2] Art. 253 do CP: "Fabricar, fornecer, adquirir, possuir ou transportar, sem licença da autoridade, substância ou engenho explosivo, gás tóxico ou asfixiante, ou material destinado à sua fabricação: Pena – detenção, de seis meses a dois anos, e multa".

10.2.4. Inciso IV

Portar (carregar, levar consigo), *possuir* (ter em seu poder), *adquirir* (comprar), *transportar* (levar de um local a outro) e *fornecer* (dispor, vender ou prover) são os núcleos do tipo penal disposto no inciso IV do § 1º do art. 16.

As condutas tipificadas devem ser direcionadas à arma de fogo (de qualquer grau de restrição, dada a falta de delimitação legal) com numeração, marca ou qualquer outro sinal de identificação raspado, suprimido ou adulterado. Ressalte-se ser irrelevante o fato de a arma de fogo apreendida se encontrar desmuniciada ou desacompanhada de munição (vide item 5.6.4).

A previsão é de suma importância, na medida em que o crime previsto no inciso I (suprimir ou alterar numeração, marca ou sinal identificador) é de difícil comprovação na prática forense, por ser, na maioria das vezes, praticado na clandestinidade.

Classifica-se como crime *comissivo* (cometido mediante uma ação positiva), de *forma livre* (pode ser praticado por qualquer modo de execução), *comum* (não se exige condição especial do agente delitivo para a consumação), *instantâneo* (condutas de adquirir e fornecer) ou *permanente* (condutas de portar, possuir e transportar), *plurissubsistente* (os atos executórios se desdobram em mais de uma conduta) e de *perigo abstrato* (vide item 3.1).

10.2.5. Inciso V

Os núcleos do tipo penal são *vender* (alienar, dispor onerosamente), *entregar* (transferir a posse de fato) e *fornecer* (dispor, vender ou prover). O objeto material, por outro lado, é a arma de fogo, o acessório, a munição (vide capítulo 4) ou o explosivo[3], sem distinção quanto ao grau de restrição. A conduta deve ser dirigida, ainda, à criança (pessoa de até 12 anos de idade incompletos) ou ao adolescente (pessoa cuja idade varia entre 12 e 17 anos completos[4]).

Alguns autores utilizam o elemento subjetivo do tipo para distinguir a conduta prevista no art. 16, § 1º, V, ora em análise, daquela preceituada no art. 13, *caput*, ambos da Lei nº 10.826/2003. Contudo, não entendemos dessa

---

[3] "O explosivo descrito no tipo é a substância explosiva, não havendo necessidade de ser um artefato explosivo, que também configurará o delito por ser explosivo em sentido amplo, haja vista ser constituído por substâncias explosivas. Explosivo é, portanto, toda substância capaz de expelir energia, expandir o ar e causar estrondo quando acionado. São exemplos o TNT, a dinamite, a granada etc." (SILVA, César Dario Mariano da. *Estatuto do Desarmamento*. 7. ed. Curitiba: Juruá, 2016. p. 164).

[4] Conforme art. 2º, *caput*, da Lei nº 8.069/1990 (Estatuto da Criança e do Adolescente).

forma, por se tratar de ações e delitos completamente distintos, conforme já explanado no item 6.6.4.

A norma penal em análise derrogou o art. 242 da Lei nº 8.069/1990 (Estatuto da Criança e do Adolescente)[5], constituindo-se como *novatio legis in pejus*, na medida em que o Estatuto do Desarmamento confere tratamento mais rigoroso ao agente delitivo (além de estar sujeito, também, à pena de multa, pode ser incurso na qualificadora prevista no art. 16, § 2º, da Lei nº 10.826/2003). O dispositivo legal previsto na Lei nº 8.069/1990, porém, remanesce vigente em relação às armas brancas.

Trata-se de crime *comissivo* (cometido mediante uma ação positiva), de *forma livre* (pode ser praticado por qualquer modo de execução), *comum* (não se exige condição especial do agente delitivo para a consumação), *instantâneo* (consuma-se em momento único), *plurissubsistente* (os atos executórios se desdobram em mais de uma conduta) e de *perigo abstrato* (vide item 3.1).

10.2.6. Inciso VI

São núcleos do tipo penal os verbos *produzir*, *recarregar*, *reciclar* e *adulterar*. Produzir é executar, desenvolver ou gerar. Recarregar equivale ao ato de repor a carga ou a matéria-prima. Reciclar, por sua vez, significa reutilizar integral ou parcialmente. Enfim, adulterar corresponde ao ato de modificar características essenciais.

Constituem-se como objetos materiais do tipo penal as munições (vide capítulo 4) e os explosivos (vide item 10.2.5). Se a conduta consistir no ato de produzir munição explosiva ou incendiária, o indivíduo será punido na forma do inciso III do art. 16, § 1º, por força do princípio da especialidade.

O elemento normativo "sem autorização legal" somente se aplica aos núcleos produzir, recarregar e reciclar. Por outro lado, em qualquer hipótese de adulteração de munição ou explosivo, o agente delitivo incorrerá no art. 16, § 1º, VI, da Lei nº 10.826/2003.

O crime é *comissivo* (cometido mediante uma ação positiva), de *forma livre* (admite qualquer modo de execução), *comum* (não se exige condição especial do agente delitivo para a consumação), *instantâneo* (consuma-se em momento único), *plurissubsistente* (os atos executórios se desdobram em mais de uma conduta) e de *perigo abstrato* (vide item 3.1).

---

[5] "Art. 242. Vender, fornecer ainda que gratuitamente ou entregar, de qualquer forma, a criança ou adolescente arma, munição ou explosivo: Pena – reclusão, de 3 (três) a 6 (seis) anos."

10.3. ELEMENTO SUBJETIVO DO TIPO

Em nenhum dos incisos elencados no § 1º do art. 16 da Lei nº 10.826/2003 há previsão de punição na forma culposa, tratando-se, por conseguinte, de crimes essencialmente dolosos, por força do princípio da excepcionalidade do crime culposo (art. 18, parágrafo único, do CP).

CONSIDERAÇÕES SOBRE O ART. 17 DA LEI Nº 10.826/2003: "COMÉRCIO ILEGAL DE ARMA DE FOGO"

> **Art. 17.** *Adquirir, alugar, receber, transportar, conduzir, ocultar, ter em depósito, desmontar, montar, remontar, adulterar, vender, expor à venda, ou de qualquer forma utilizar, em proveito próprio ou alheio, no exercício de atividade comercial ou industrial, arma de fogo, acessório ou munição, sem autorização ou em desacordo com determinação legal ou regulamentar:*
>
> *Pena – reclusão, de 6 (seis) a 12 (doze) anos, e multa.*
>
> *§ 1º Equipara-se à atividade comercial ou industrial, para efeito deste artigo, qualquer forma de prestação de serviços, fabricação ou comércio irregular ou clandestino, inclusive o exercido em residência.*
>
> *§ 2º Incorre na mesma pena quem vende ou entrega arma de fogo, acessório ou munição, sem autorização ou em desacordo com a determinação legal ou regulamentar, a agente policial disfarçado, quando presentes elementos probatórios razoáveis de conduta criminal preexistente.*

11.1. BEM JURÍDICO TUTELADO E SUJEITOS ATIVO E PASSIVO

Assim como ocorre com as demais infrações penais dispostas na Lei nº 10.826/2003, constituem-se como bens jurídicos tutelados a segurança e a incolumidade públicas (vide capítulo 2).

O sujeito ativo necessariamente deve exercer atividades de comércio ou de indústria (crime *próprio*). O sujeito passivo, em contrapartida, é a coletividade, titular dos bens jurídicos tutelados (crime *vago*).

11.2. ELEMENTARES DO TIPO PENAL

Os núcleos do tipo penal são *adquirir* (comprar), *alugar* (entregar a posse temporariamente mediante o recebimento de contraprestação), *receber* (passar a possuir), *transportar* (levar de um lugar a outro), *conduzir* (levar consigo, portar), *ocultar* (retirar de vista), *ter em depósito* (guardar em local específico), *desmontar* (retirar ou separar as peças), *montar* (conjugar ou juntar as peças), *remontar* (juntar as peças anteriormente separadas), *adulterar* (alterar características essenciais), *vender* (alienar, dispor de forma onerosa), *expor à venda* (apresentar a coisa para ser vendida) e *utilizar* (fazer uso, empregar).

As condutas acima retratadas devem ser direcionadas às armas de fogo, às munições e aos acessórios, objetos materiais do crime de comércio ilegal. O dispositivo legal não distingue os objetos de uso controlado quanto aos graus de restrição, de tal sorte que o crime restará consumado independentemente de se tratar de objeto de uso permitido, restrito ou proibido, embora as penas sejam diferenciadas, nos moldes do art. 19 da Lei nº 10.826/2003.

Exige-se para a configuração do crime em análise que as condutas sejam praticadas *no exercício de atividade comercial ou industrial*, isto é, que o agente delitivo se dedique, com certa continuidade e habitualidade, a atividade comercial ou industrial. Note-se que a habitualidade não se dirige aos núcleos do tipo, mas sim às atividades vinculadas ao comércio e à indústria, bastando a prática de uma das condutas descritas no tipo penal (em desacordo com determinação legal e regulamentar) para a consumação do crime.

Entendemos, nesse ponto, que a atividade de comércio ou de indústria não necessariamente deve ser voltada a armas de fogo, munições e acessórios para a configuração do crime previsto no art. 17, *caput*, da Lei nº 10.826/2003. Com efeito, basta que o sujeito se prevaleça de uma estrutura facilitadora do comércio ou da indústria, ainda que de ramo distinto dos objetos tratados no Estatuto do Desarmamento e mesmo que informal, precária ou adaptada, para a incursão na infração penal em comento. A título ilustrativo, enquadra-se no tipo penal em estudo o sujeito que vende arma de fogo em áreas de comércio popular informal, conhecidas como "feiras do rolo", ou ainda o funileiro que resolve produzir silenciadores de armas de fogo na sua oficina.

O § 1º do art. 17 equipara à elementar objetiva "atividade comercial ou industrial" qualquer forma de prestação de serviços, fabricação ou comércio irregular ou clandestino, dispensando formalidade para a configuração do crime (*e.g.*, a existência de sociedade empresária constituída).

O objetivo por trás das normas em comento é obstar ou dificultar a existência de mercados paralelos, às margens do controle estatal, de fabricação e venda de armas de fogo, acessórios e munições, obrigando os fabricantes e comerciantes a legalizar as respectivas atividades empresariais e, em relação àqueles já autorizados, a exercê-las em conformidade com as determinações legais e regulamentares, sob risco de sofrer as sanções penais previstas ao delito em estudo.

Saliente-se, enfim, a presença da elementar normativa "sem autorização ou em desacordo com determinação legal ou regulamentar", tornando atípica a conduta dos fabricantes e comerciantes de objetos de uso controlado que agem em estrita consonância com os ditames legais e infralegais. Atualmente, as regras cujo cumprimento é necessário aos comerciantes de armas de fogo, munições e acessórios se encontram, principalmente, no art. 17 do Decreto nº 11.615/2023. A aquisição de tais objetos, por outro lado, deve obedecer aos comandos previstos, sobretudo, no art. 15 do mesmo Decreto.

11.3. ELEMENTO SUBJETIVO DO TIPO

É o dolo, não sendo punível a forma culposa por ausência de previsão legal.

11.4. CLASSIFICAÇÃO DOUTRINÁRIA

Trata-se de crime *comissivo* (cometido mediante uma ação positiva), de *ação múltipla* (basta a prática de uma das condutas tipificadas para a consumação do crime), de *forma livre* (admite qualquer modo de execução), *próprio* (exige-se condição especial do agente delitivo para a consumação), *instantâneo* (condutas de adquirir, receber, adulterar, desmontar, montar, remontar, vender e utilizar) ou *permanente* (condutas de alugar, transportar, conduzir, ocultar, ter em depósito e expor à venda), *plurissubsistente* (os atos executórios se desdobram em mais de uma conduta) e de *perigo abstrato* (vide item 3.1).

11.5. PENA, AÇÃO PENAL E QUESTÕES PROCESSUAIS

As sanções cominadas a esta espécie delitiva são de "reclusão, de 6 (seis) a 12 (doze) anos, e multa". A ação penal é pública incondicionada, isto é, independe de queixa-crime ou representação criminal, e deve ser proposta perante a Justiça Estadual.

Em razão do mínimo legal de penas previstas, não são aplicáveis as medidas despenalizadoras e a suspensão condicional do processo previstas na Lei nº 9.099/1995, tampouco é viável o oferecimento de acordo de não persecução penal (art. 28-A do CPP), a substituição da pena privativa de liberdade por restritiva de direitos (art. 44 do CP) e a concessão da suspensão condicional da pena (art. 77 do CP).

A despeito da previsão contida no art. 21 da Lei nº 10.826/2003, o STF entendeu pela inconstitucionalidade da vedação em abstrato da concessão de liberdade provisória aos indivíduos incursos no crime de comércio ilegal de armas de fogo, acessórios e munições. Para aprofundamento, remetemos o leitor à parte final do item 9.5.

Ainda, nos moldes do art. 19 do Estatuto do Desarmamento, "nos crimes previstos nos arts. 17 e 18, a pena é aumentada da metade se a arma de fogo, acessório ou munição forem de uso proibido ou restrito". Destarte, cuidando de causa de aumento de penas, a verificação de que as condutas típicas envolveram objetos de uso proibido ou restrito enseja o aumento das penas em metade na terceira fase da dosimetria.

De igual forma, aplicam-se as causas de aumento de pena elencadas no art. 20 da Lei nº 10.826/2003, conforme observações tecidas no item 7.5.

Mencione-se, por fim, que atualmente o delito de comércio ilegal de arma de fogo compõe o rol dos crimes hediondos, por força da norma insculpida no art. 1º, parágrafo único, II, da Lei nº 8.072/1990 (Lei de Crimes Hediondos), com as modificações promovidas pela Lei nº 13.964/2019.

11.6. PONTOS CONTROVERTIDOS

11.6.1. Crime impossível

Com a reforma legislativa promovida pela Lei nº 13.964/2019, popularmente conhecida como Pacote Anticrime, foi inserido o § 2º ao art. 17 da Lei nº 10.826/2003. Segundo o referido dispositivo legal, incorre nas mesmas penas do *caput* aquele que vende ou entrega, de qualquer forma, a arma de fogo, o acessório ou a munição, sem autorização ou em desacordo com a determinação legal ou regulamentar, a agente policial disfarçado. O intuito da norma é nítido: afastar a configuração de *crime impossível* pela ineficácia absoluta do meio nas hipóteses de flagrante preparado.

Na prática, a alteração não é de grande utilidade, na medida em que o agente delitivo que vende ou entrega objeto de uso controlado a policial disfarçado no mínimo conduzia (levava consigo) ou utilizava o aludido objeto em momento anterior. Cuidando de crime de ação múltipla, o cometimento de qualquer das condutas nucleares enseja a sua consumação.

11.6.2. Possibilidade de condenação sem a apreensão da arma de fogo, munição ou acessório comercializado

Em caráter excepcional, afigura-se possível a condenação de um indivíduo como incurso no art. 17, *caput* ou § 2º, da Lei nº 10.826/2003 sem a apreensão dos objetos de uso proscrito. Isso, evidentemente, dependerá da casuística, todavia não compreendemos que a ausência de apreensão, por exemplo, da arma de fogo, por qualquer motivo que seja, impeça por completo a responsabilização criminal do agente delitivo.

Imaginemos a seguinte situação: um sujeito A, mergulhado no universo da criminalidade, trafica drogas e vende armas de fogo e está sendo investigado pela Polícia Civil somente com relação ao primeiro delito. Após obter suficiente indício da autoria e da materialidade delitivas, a autoridade policial representa pela interceptação telefônica de A, a qual é deferida pela autoridade judiciária e, durante o período em que suas conversas estão sendo interceptadas, verifica-se o habitual comércio de armas de fogo, munições e acessórios pelo averiguado, além da venda de drogas. Os investigadores de polícia, então, buscam os dados dos compradores, todavia somente depois de alguns dias conseguem identificá-los especificamente; ao cumprirem mandados de busca e apreensão nas respectivas residências, contudo, nada encontram, sendo informados pelos compradores que as armas já foram repassadas a terceiros.

É nítido, na hipótese acima retratada, que a ausência de apreensão das armas de fogo, munições e acessórios vendidos por A não obstará a sua condenação, pois baseada nos relatórios e autos circunstanciados das conversas interceptadas, bem como na prova testemunhal e, porventura, na própria confissão judicial do réu.

No mesmo sentido, é possível encontrar (tímidas) vozes na jurisprudência pátria:

> Apelações criminais – Comércio ilegal de arma de fogo e munições (art. 17 da Lei nº 10.826/2003) – Recursos exclusivos das defesas – Análise conjunta dos apelos – Pedido de absolvição por suposta insuficiência probatória – Acervo probatório que confirma a materialidade dos delitos e a autoria dos crimes – Depoimentos firmes e coerentes dos policiais que, ausente a prova de má-fé, possuem credibilidade, quando corroborados por outros elementos comprobatórios do feito, como no caso em tela – Demonstração válida e eficaz das interceptações telefônicas realizadas no feito – Prova robusta, contundente e suficiente para a comprovação dos crimes em apreço – Prescindibilidade da apreensão para configuração do delito – Precedentes do STJ (TJSE, Apelação Criminal 0002794-02.2018.8.25.0063, rel. Des. Gilson Felix dos Santos, j. 08.07.2022).

Conforme muito bem ressaltado pelo magistrado sentenciante: "Nesse cenário o teor das conversas telefônicas interceptadas e os depoimentos testemunhais suprem a ausência da apreensão real das armas e munições, permitindo concluir a materialidade por via indireta".

> Portanto, inquestionável o fato de que o recorrente Jacques realizava o comércio de armas com habitualidade na cidade de Perdizes, restando devidamente configurado o crime previsto no art. 17 da Lei nº 10.826/2003 (TJMG, Apelação Criminal 0010157-63.2017.8.13.0498, rel. Des. Eduardo Machado, j. 17.09.2019).

CONSIDERAÇÕES SOBRE O ART. 18 DA LEI Nº 10.826/2003: "TRÁFICO INTERNACIONAL DE ARMA DE FOGO"

Art. 18. Importar, exportar, favorecer a entrada ou saída do território nacional, a qualquer título, de arma de fogo, acessório ou munição, sem autorização da autoridade competente:
Pena – reclusão, de 8 (oito) a 16 (dezesseis) anos, e multa.
Parágrafo único. Incorre na mesma pena quem vende ou entrega arma de fogo, acessório ou munição, em operação de importação, sem autorização da autoridade competente, a agente policial disfarçado, quando presentes elementos probatórios razoáveis de conduta criminal preexistente.

12.1. BEM JURÍDICO TUTELADO E SUJEITOS ATIVO E PASSIVO

O bem jurídico tutelado é a *segurança pública* e, também, os *interesses moral e patrimonial da Administração Pública*[1] de ter o controle dos objetos que ingressam e deixam as fronteiras brasileiras.

O crime pode ser praticado por qualquer pessoa, não se exigindo condição especial para tanto (crime comum). Os sujeitos passivos são a coletividade e o Estado.

12.2. ELEMENTARES DO TIPO PENAL

Os núcleos do tipo consistem em importar, exportar, favorecer. *Importar* equivale ao ato de trazer consigo para dentro do território nacional ou fazer a coisa ingressar no território nacional. *Exportar* é levar consigo para fora do território nacional ou fazer a coisa sair do território nacional. *Favorecer* consiste em viabilizar a entrada ou a saída, podendo decorrer de ato comissivo (o

---

[1] NUCCI, Guilherme de Souza. *Leis penais e processuais penais.* 13. ed. Rio de Janeiro: Forense, 2020. v. 2. p. 55.

indivíduo que efetivamente auxilia no ingresso do produto de uso controlado no território nacional, por exemplo) ou omissivo (o agente alfandegário que trabalha num aeroporto e, embora verifique a presença de arma de fogo dentro de uma mala de viagem, deixe de autuar o passageiro e comunicar a Polícia Federal, por exemplo).

Os objetos materiais são as armas de fogo, as munições e os acessórios (vide capítulo 4), inexistindo distinção quanto ao grau de restrição, o qual influirá apenas na dosimetria das penas (conforme art. 19 da Lei nº 10.826/2003).

Exige-se para a consumação do delito a presença da elementar normativa "sem autorização da autoridade competente". A autoridade competente para autorizar a importação e a exportação de armas de fogo no Brasil, bem como a comercialização dos referidos objetos no território nacional, é o Comando do Exército, nos termos dos arts. 34 e 43 do Decreto nº 9.847/2019 (com alterações promovidas pelo Decreto nº 10.030/2019) e do art. 17 do Decreto nº 11.615/2023. Para tanto, é necessária a obediência a diversos requisitos estabelecidos no Capítulo III do Decreto nº 9.847/2019, dentre eles o preenchimento de Licença de Importação no Sistema Integrado de Comércio Exterior (Siscomex).

Como exemplo do delito em apreço, pode-se cogitar de um indivíduo que, sem autorização do Comando do Exército, decide importar uma arma de fogo por meio de serviço postal. O sujeito não somente violou o art. 34 do Decreto nº 9.847/2019, com as alterações promovidas pelas normas regulamentares subsequentes, como também desobedeceu à regra estampada no art. 42 do aludido decreto, pelo qual se veda a importação de armas de fogo e munições completas e de suas partes essenciais por meio de serviços postais e similares, incorrendo no crime previsto no art. 18, *caput*, da Lei nº 10.826/2003.

12.3. ELEMENTO SUBJETIVO DO TIPO

O crime é essencialmente *doloso*, inexistindo previsão legal de punição das condutas na forma culposa.

12.4. CLASSIFICAÇÃO DOUTRINÁRIA

Trata-se de crime *comissivo* (condutas de importação, exportação ou favorecimento) ou *omissivo* (conduta de favorecimento), de *ação múltipla* (basta a prática de uma das condutas tipificadas para a consumação), de *forma livre* (admite qualquer modo de execução), *comum* (não se exige condição especial do agente delitivo para a consumação), *instantâneo* (consuma-se em momento único), *plurissubsistente* (os atos executórios se desdobram em mais de uma conduta) e de *perigo abstrato* (vide item 3.1).

12.5. PENA, AÇÃO PENAL E QUESTÕES PROCESSUAIS

Ao sujeito ativo incurso no crime em estudo aplicam-se as penas de "8 (oito) a 16 (dezesseis) anos, e multa". Pelo mínimo legal de penas previstas, não são aplicáveis as medidas "despenalizadoras" e a suspensão condicional do processo previstos na Lei nº 9.099/1995, tampouco é viável o oferecimento de acordo de não persecução penal (art. 28-A do CPP), a substituição da pena privativa de liberdade por restritiva de direitos (art. 44 do CP) e a concessão da suspensão condicional da pena (art. 77 do CP).

Processa-se, ademais, por ação penal pública incondicionada, sendo dispensável queixa-crime ou representação criminal. Diferentemente dos demais delitos previstos no Estatuto do Desarmamento, a ação penal para averiguar o crime de tráfico internacional de armas de fogo deve ser proposta perante a Justiça Federal, competente para processamento e julgamento dessa espécie delitiva.

A competência jurisdicional da Justiça Federal decorre da previsão contida no art. 109, IV e V[2], da CF, bem como do comprometimento do Estado brasileiro na ordem jurídica internacional, a partir da assinatura do Protocolo contra a Fabricação e o Tráfico Ilícito de Armas de Fogo, suas Peças, Componentes e Munições (Decreto nº 5.941/2006), de responsabilizar criminalmente as pessoas envolvidas com o tráfico ilícito de armas de fogo, munições e acessórios. Nesse sentido, aliás, posiciona-se o STJ (vide Conflito de Competência 130.267/RS, rel. Min. Ribeiro Dantas, 3ª Seção, j. 26.04.2017[3]).

---

[2] Art. 109 da CF: "Aos juízes federais compete processar e julgar: [...] IV – os crimes políticos e as infrações penais praticadas em detrimento de bens, serviços ou interesse da União ou de suas entidades autárquicas ou empresas públicas, excluídas as contravenções e ressalvada a competência da Justiça Militar e da Justiça Eleitoral; V – os crimes previstos em tratado ou convenção internacional, quando, iniciada a execução no País, o resultado tenha ou devesse ter ocorrido no estrangeiro, ou reciprocamente;".

[3] "Conflito de competência. Posse de arma de fogo de uso permitido, de uso restrito e de numeração raspada, associação e tráfico ilícito de entorpecentes, visando atingir criança ou adolescente, corrupção de menores e associação criminosa. Transnacionalidade. Competência da justiça federal. Não caracterização. Ausência de lesão aos interesses da União, neste momento processual. Conflito de competência conhecido. Declarada a competência do juízo estadual. 1. 'Em se tratando de tráfico internacional de munições ou armas, cumpre firmar a competência da Justiça Federal para conhecer do tema, já que o Estado brasileiro é signatário de instrumento internacional (Protocolo contra a Fabricação e o Tráfico Ilícitos de Armas de Fogo, suas Peças e Componentes e Munições – complementando a Convenção das Nações Unidas contra o Crime Organizado Transnacional –, promulgado pelo Decreto nº 5.941, de 26.10.2006), no qual se comprometeu a tipificar a conduta como crime' (AgRg no Ag 1.389.833/MT, rel. Min. Sebastião Reis Jr., 6ª Turma, DJe 25.04.2013). 2. In casu, das informações coletadas pela investigação policial não se denota procedência estrangeira dos armamentos apreendidos ou sequer indícios de internacionalidade do delito, de modo que, neste momento processual, não se evidencia lesão a bens, serviços ou interesses da União a atrair a competência da Justiça Federal. 3. Conflito conhecido para declarar a competência do Juízo de Direito da 1ª Vara Criminal do Foro Regional do Sarandi – Porto Alegre/RS, o suscitante" (CC 130.267/RS, rel. Min. Ribeiro Dantas, 3ª Seção, j. 26.04.2017).

Considerando a declaração de inconstitucionalidade do art. 21 da Lei nº 10.826/2003 pelo STF na ADI 3.112/DF, a validade da previsão de impossibilidade de concessão de liberdade provisória ao agente delitivo envolvido com o crime de tráfico internacional de armas de fogo não mais subsiste no sistema jurídico pátrio. Para aprofundamento, remetemos o leitor à parte final do item 9.5.

Conforme alhures exposto, conquanto a norma penal não diferencie os objetos de uso permitido, restrito ou proibido, as penas devem ser aumentadas de metade pelo órgão julgador nos casos de armas de fogo, acessórios ou munições de uso proibido ou restrito, nos termos do art. 19 da Lei nº 10.826/2003. De igual modo, são aplicáveis as causas de aumento de pena previstas no art. 20 da mesma lei (vide item 7.5).

Registre-se, por fim, que atualmente o delito de tráfico internacional de arma de fogo ostenta natureza hedionda, nos termos do art. 1º, parágrafo único, III, da Lei nº 8.072/1990 (Lei de Crimes Hediondos), com as modificações promovidas pela Lei nº 13.964/2019.

12.6. PONTOS CONTROVERTIDOS

12.6.1. Conflito aparente de normas entre o art. 18 da Lei nº 10.826/2003 e o art. 334-A do CP

Apesar de, numa primeira perspectiva, serem duas as normas penais aplicáveis à conduta de importar ou exportar ilicitamente armas de fogo, acessórios ou munições, quais sejam, o art. 18 da Lei nº 10.826/2003, ora em estudo, e o art. 334-A do CP[4] (crime de contrabando), o conflito aparente de normas se soluciona, principalmente, pelo princípio da especialidade.

De fato, uma arma de fogo, quando importada sem autorização, é considerada mercadoria proibida, tanto que se encontra no rol dos PCEs, conforme já amplamente exposto no capítulo 4. Assim, pela tipicidade objetiva, tem-se a possibilidade de aplicação de múltiplos tipos penais a uma mesma conduta, caracterizando o denominado conflito aparente de normas.

O princípio da especialidade é utilizado, dentre outros, para a resolução dos aludidos conflitos, e impõe a incidência da norma penal que contenha os chamados elementos especializantes sobre a situação fática que assim exigir, restringindo, por conseguinte, o âmbito de aplicação da norma geral.

Na hipótese das duas normas penais em testilha, o conflito aparente de normas pode, ainda, ser solucionado por meio do princípio da subsidiarieda-

---

[4] Art. 334-A do CP: "Importar ou exportar mercadoria proibida: Pena – reclusão, de 2 (dois) a 5 (cinco) anos".

de, segundo o qual a norma primária, consistente naquela que prevê o crime mais grave, exclui a incidência da norma subsidiária, equivalente àquela que disciplina a infração penal menos grave.

Considerando que as penas cominadas no preceito normativo secundário do art. 18 da Lei nº 10.826/2003 são indubitavelmente mais rigorosas do que as previstas no art. 334-A do CP, conclui-se pela inaplicabilidade deste às condutas de importar e exportar ilegalmente armas de fogo, acessórios e munições.

DISPOSIÇÕES GERAIS DE INTERESSE PENAL DO ESTATUTO DO DESARMAMENTO

13.1. ART. 25 DA LEI Nº 10.826/2003

Art. 25. As armas de fogo apreendidas, após a elaboração do laudo pericial e sua juntada aos autos, quando não mais interessarem à persecução penal serão encaminhadas pelo juiz competente ao Comando do Exército, no prazo de até 48 (quarenta e oito) horas, para destruição ou doação aos órgãos de segurança pública ou às Forças Armadas, na forma do regulamento desta Lei.

§ 1º As armas de fogo encaminhadas ao Comando do Exército que receberem parecer favorável à doação, obedecidos o padrão e a dotação de cada Força Armada ou órgão de segurança pública, atendidos os critérios de prioridade estabelecidos pelo Ministério da Justiça e ouvido o Comando do Exército, serão arroladas em relatório reservado trimestral a ser encaminhado àquelas instituições, abrindo-se-lhes prazo para manifestação de interesse.

§ 1º-A. As armas de fogo e munições apreendidas em decorrência do tráfico de drogas de abuso, ou de qualquer forma utilizadas em atividades ilícitas de produção ou comercialização de drogas abusivas, ou, ainda, que tenham sido adquiridas com recursos provenientes do tráfico de drogas de abuso, perdidas em favor da União e encaminhadas para o Comando do Exército, devem ser, após perícia ou vistoria que atestem seu bom estado, destinadas com prioridade para os órgãos de segurança pública e do sistema penitenciário da unidade da federação responsável pela apreensão.

§ 2º O Comando do Exército encaminhará a relação das armas a serem doadas ao juiz competente, que determinará o seu perdimento em favor da instituição beneficiada.

§ 3º O transporte das armas de fogo doadas será de responsabilidade da instituição beneficiada, que procederá ao seu cadastramento no Sinarm ou no Sigma.

§ 4º (Vetado).

> *§ 5º O Poder Judiciário instituirá instrumentos para o encaminhamento ao Sinarm ou ao Sigma, conforme se trate de arma de uso permitido ou de uso restrito, semestralmente, da relação de armas acauteladas em juízo, mencionando suas características e o local onde se encontram.*

O dispositivo legal ostenta inequívoco interesse penal e processual penal na medida em que determina o perdimento das armas de fogo apreendidas, utilizadas para a prática dos crimes previstos no Estatuto do Desarmamento. A pena de perdimento de bens, por seu turno, possui caráter constitucional e se encontra expressamente prevista no art. 5º, XLVI, *b*, da CF, bem como no art. 91, II, do CP, além, é claro, de disposições similares existentes em leis esparsas.

Nesse sentido, será decretado o perdimento das armas de fogo apreendidas com sujeitos incursos nos delitos da lei em estudo, submetendo-as à avaliação do Comando do Exército, que examinará a possibilidade de doação do objeto de uso controlado aos órgãos de segurança pública ou às Forças Armadas e, caso contrário, determinará a destruição.

Extrai-se do teor do § 1º-A do art. 25 da Lei nº 10.826/2003 que a mesma providência será tomada em relação às armas de fogo utilizadas como instrumento ou produto do tráfico de drogas. Interessante constatar que a aludida norma penal complementa o art. 61, § 1º, da Lei nº 11.343/2006, incluído pela Lei nº 13.840/2019, o qual determina o perdimento e a alienação dos bens decorrentes do tráfico de drogas, excetuando as armas de fogo, "que serão recolhidas na forma da legislação específica".

Interessante a análise do momento processual oportuno para a aplicação da regra instituída no art. 25 do Estatuto do Desarmamento. Ao nosso ver, o dispositivo legal em comento somente terá incidência quando a arma de fogo não mais possuir interesse na persecução penal (leia-se: investigação e instrução processual), porquanto, evidentemente, é prematuro o encaminhamento do objeto ao Comando do Exército quando, por exemplo, ainda há provas a serem produzidas, dependentes da presença física da arma de fogo. Ausente remédio específico para impugnar a decisão judicial pela qual se determina a remessa do armamento ao Comando do Exército, compreendemos ser cabível, excepcionalmente, o manejo de mandado de segurança.

Atente-se não se estar, nessa oportunidade, defendendo a viabilidade de impetração de mandado de segurança contra decisão pela qual se determina o perdimento do bem ou se indefere a sua restituição, mas tão somente contra o ato que determina, de forma prematura, o encaminhamento do armamento que ainda oferece interesse ao inquérito policial ou à ação penal. Nesse sentido:

> Mandado de segurança criminal. Decisão judicial de indeferimento do pedido de restituição de arma de fogo e de remessa do objeto ao Comando do

Exército, nos termos do art. 25 da Lei nº 10.826/2003. Ratificação da liminar parcialmente deferida a fim de sobrestar a decisão, na parte em que se determinou a remessa do armamento ao Comando do Exército, até extinção do feito pelo cumprimento de acordo com o Ministério Público ou, iniciada a ação penal, até o provimento final. Quanto à impugnação ao indeferimento do pedido de restituição da arma de fogo, não se conhece da ordem. Inadequação da via eleita. Cabimento de recurso de apelação contra a referida decisão, nos termos do art. 593, II, do CPP. Mandado de segurança que não se presta a impugnar decisão judicial contra a qual há recurso cabível, nos termos da Súmula nº 267 do e. STF. Ausência, ademais, de teratologia ou manifesta ilegalidade na decisão judicial, bem como não verificado, de plano, direito líquido e certo do impetrante na restituição do armamento. Mandado de segurança parcialmente conhecido e, na parte conhecida, concedida a ordem (TJSP, Mandado de Segurança Criminal 2027316-17.2024.8.26.0000, rel. Christiano Jorge, 15ª Câmara de Direito Criminal, Foro de Diadema – 1ª Vara Criminal, j. 22.04.2024).

13.2. ART. 26 DA LEI Nº 10.826/2003

Art. 26. São vedadas a fabricação, a venda, a comercialização e a importação de brinquedos, réplicas e simulacros de armas de fogo, que com estas se possam confundir.
Parágrafo único. Excetuam-se da proibição as réplicas e os simulacros destinados à instrução, ao adestramento, ou à coleção de usuário autorizado, nas condições fixadas pelo Comando do Exército.

Veda-se, pelo Estatuto do Desarmamento, "a fabricação, a venda, a comercialização e a importação de brinquedos, réplicas e simulacros de armas de fogo, que com estas se possam confundir", ressalvando, porém, "as réplicas e os simulacros destinados à instrução, ao adestramento, ou à coleção de usuário autorizado".

A despeito da proibição legal, forçoso reconhecer que as condutas descritas no dispositivo legal em comento são atípicas, assim como a prática dos núcleos dos tipos penais dispostos na Lei nº 10.826/2003 com brinquedos, réplicas e simulacros de arma de fogo, constituindo-se como meras infrações administrativas.

Deve-se, entretanto, atentar-se a importante diferenciação. A ausência de enquadramento das condutas envolvendo a posse e o porte (*lato sensu*) de brinquedos ou simulacros de armas de fogo nos tipos penais do Estatuto do Desarmamento não inviabiliza que o emprego de tais objetos seja considerado como "grave ameaça" nos crimes que contenham essa elementar objetiva. É o caso do delito de roubo, em relação ao qual o STJ decidiu, sob o rito do julgamento dos recursos repetitivos (Tema 1.171[1]), bastar a utilização do simulacro de arma de fogo no contexto da subtração para a configuração da grave ameaça, impeditiva da substituição da pena privativa de liberdade por restritiva de direitos, nos termos da vedação contida no art. 44, I, do CP.

13.3. ARTS. 30, 31 E 32 DA LEI Nº 10.826/2003

Art. 30. Os possuidores e proprietários de arma de fogo de uso permitido ainda não registrada deverão solicitar seu registro até o dia 31 de dezembro de 2008, mediante apresentação de documento de identificação pessoal e comprovante de residência fixa, acompanhados de nota fiscal de compra ou comprovação da origem lícita da posse, pelos meios de prova admitidos em direito, ou declaração firmada na qual constem as características da arma e a sua condição de proprietário, ficando este dispensado do pagamento de taxas e do cumprimento das demais exigências constantes dos incisos I a III do caput do art. 4º desta Lei. (Redação dada pela Lei nº 11.706, de 2008)

Parágrafo único. Para fins do cumprimento do disposto no caput deste artigo, o proprietário de arma de fogo poderá obter, no Departamento de Polícia Federal, certificado de registro provisório, expedido na forma do § 4º do art. 5º desta Lei.

Art. 31. Os possuidores e proprietários de armas de fogo adquiridas regularmente poderão, a qualquer tempo, entregá-las à Polícia Federal, mediante recibo e indenização, nos termos do regulamento desta Lei.

Art. 32. Os possuidores e proprietários de arma de fogo poderão entregá-la, espontaneamente, mediante recibo, e, presumindo-se de boa-fé, serão indenizados, na forma do regulamento, ficando extinta a punibilidade de eventual posse irregular da referida arma.

Conforme amplamente estudado, o objetivo principal do Estatuto do Desarmamento é, reconhecendo a relação de causalidade existente entre as

---

[1] Tese firmada: "A utilização de simulacro de arma configura a elementar grave ameaça do tipo penal do roubo, subsumindo à hipótese legal que veda a substituição da pena".

armas de fogo e o aumento da criminalidade, assegurar ao Estado o controle do acesso e da circulação de tais objetos.

Nesse sentido, as previsões contidas nos arts. 30, 31 e 32 da aludida lei buscam, essencialmente, trazer para a luz da legalidade (e, consequentemente, para o controle estatal) as armas de fogo adquiridas previamente ou durante o início de vigência da Lei nº 10.826/2003.

A redação original do art. 30 determinava aos possuidores e proprietários de qualquer arma de fogo, sem distinção quanto ao grau de restrição, o dever de solicitar o registro, no prazo de 180 dias contado da publicação da lei. Para tanto, teriam de apresentar nota fiscal da compra ou comprovar, de qualquer modo, a origem lícita da posse. Caso o proprietário ou possuidor não tomasse a providência exigida, poderia ser responsabilizado pelos crimes dispostos no Estatuto do Desarmamento. O prazo de 180 dias foi prorrogado, passando a contar como termo final o dia 23 de junho de 2005 (cf. art. 3º da Lei nº 11.118/2005).

O art. 30, posteriormente, foi alterado pela Medida Provisória nº 417/2008, a qual, embora tenha ampliado o prazo para registro das armas de fogo para até 31 de dezembro de 2008, restringiu a providência às armas de fogo de uso permitido e de fabricação estrangeira, produzidas antes do ano de 1997, ou nacionais, produzidas em qualquer ano. Nessa toada, conclui-se que o prazo para regularização das armas de fogo de uso restrito se encerrou em 23 de junho de 2005.

Por fim, com a edição da Lei nº 11.706/2008, foi alterado o art. 30 da Lei nº 10.826/2003, para, em suma, eliminar a distinção entre armas de fogo fabricadas em solo nacional ou estrangeiro e prorrogar o prazo de registro para 31 de dezembro de 2009.

Inicialmente, cabe-nos perquirir sobre a natureza jurídica dessa permissão legal de registro de armas de fogo. Isso porque, como já estudado, a posse de arma de fogo desprovida do registro (e, portanto, em desacordo com determinação legal e regulamentar) constitui os crimes previstos nos arts. 12 e 16, *caput*, da Lei nº 10.826/2003.

Parte da doutrina[2], acompanhada pela jurisprudência do STJ, defende se tratar de "*abolitio criminis* temporária"[3]. O entendimento inevitavelmente enseja a conclusão de que as condutas de possuir ilegalmente arma de fogo de

---

[2] SILVA, César Dario Mariano da. *Estatuto do Desarmamento*. 7. ed. Curitiba: Juruá, 2016. p. 202-206.

[3] Nesse sentido, aliás, o STJ editou a Súmula 513, segundo a qual "*abolitio criminis* temporária prevista na Lei nº 10.826/2003 aplica-se ao crime de posse de arma de fogo de uso permitido com numeração, marca ou qualquer outro sinal de identificação raspado, suprimido ou adulterado, praticado somente até 23.10.2005".

uso restrito antes de 23 de junho de 2005 e de possuir ilegalmente arma de fogo de uso permitido antes de 31 de dezembro de 2009 são atípicas, inclusive aquelas praticadas sob a vigência da Lei nº 9.437/1997. Respeitada a orientação, não podemos com ela concordar.

Não há como se conceber da *abolitio criminis* quando a nova lei ao mesmo tempo que revoga os tipos penais anteriores também os reproduz, integral ou parcialmente, dando continuidade à tipicidade formal e material daquela conduta (*princípio da continuidade normativa típica*).

Noutras palavras, em momento nenhum, desde a edição da Lei nº 9.437/1997, a conduta de possuir arma de fogo, sem autorização e em desacordo com determinação legal e regulamentar, tornou-se atípica, ou ainda um irrelevante penal, mas, ao contrário, foi editada norma penal permissiva temporária, pela qual se conferiu aos indivíduos possuidores de armas de fogo o direito de, naquele período, registrar o objeto de uso controlado perante os órgãos competentes.

Se, então, o indivíduo que possui a arma de fogo naquele período tem o direito de registrá-la, tornando a sua posse autorizada e em conformidade com determinação legal e regulamentar, há verdadeiro exercício regular de um direito, a afastar a ilicitude do fato típico e, consequentemente, inviabilizar a aplicação dos arts. 12 e 16, *caput*, da Lei nº 10.826/2003[4].

O art. 31 da Lei nº 10.826/2003 possibilita aos possuidores ou proprietários de armas de fogo entregá-las, a qualquer tempo, à Polícia Federal, mediante recibo e indenização, desde que tenham sido adquiridas regularmente. Por sua vez, o art. 73 do Decreto nº 11.615/2023, norma regulamentadora da matéria, estabelece que a entrega será feita na Polícia Federal ou em órgãos e entidades credenciados pelo Ministério da Justiça e Segurança Pública, devendo o interessado providenciar guia de trânsito para o transporte da arma de fogo até o local de entrega.

Por fim, o art. 32 da Lei nº 10.826/2003 autoriza aos proprietários e possuidores de armas de fogo, sem impor qualquer condição, que entreguem espontaneamente, a qualquer tempo, o objeto de uso controlado à Polícia Federal, sem que sofram as sanções relativas ao delito de posse ilegal da arma. O ato de entrega espontânea denota a boa-fé do possuidor (cf. art. 72 do Decreto nº 11.615/2023) e enseja o pagamento de indenização.

A previsão do art. 32 dirige-se, precipuamente, aos possuidores de arma de fogo cuja aquisição não foi regular – caso contrário, enquadram-se na regra estampada no art. 31 do Estatuto do Desarmamento. Pela redação original do

---

[4] NUCCI, Guilherme de Souza. *Leis penais e processuais penais*. 13. ed. Rio de Janeiro: Forense, 2020. v. 2. p. 65.

referido art. 32, o legislador havia estabelecido prazo certo para a entrega da arma de fogo, todavia, com a alteração legislativa promovida pela Medida Provisória nº 417/2008, convertida na Lei nº 11.706/2008, o mencionado prazo foi extirpado, permitindo ao possuidor ou ao proprietário da arma de fogo entregá-la a qualquer tempo, por consequência.

Nos exatos termos do dispositivo legal, o possuidor ou proprietário que entregue espontaneamente a arma de fogo terá extinta a punibilidade de eventual ilícito concernente à posse ilegal do objeto. A despeito da atecnia legislativa, mais correto que se entenda pela inocorrência de crime por falta de ilicitude no fato, tratando-se de exercício regular de direito.

REFERÊNCIAS BIBLIOGRÁFICAS

BITENCOURT, Cezar Roberto. *Tratado de Direito Penal*: parte geral. 26. ed. São Paulo: Saraiva, 2020. v. 1.

CAPEZ, Fernando. *Estatuto do Desarmamento*: comentário à Lei nº 10.826, de 22.12.2003. 3. ed. atual. São Paulo: Saraiva, 2005.

CUNHA, Rogério Sanches et al. (org.). *Leis penais especiais comentadas artigo por artigo*. Salvador: JusPodivm, 2018.

DEL-CAMPO, Eduardo Roberto Alcântara. *Armas, munições, acessórios e equipamentos de uso restrito e permitido*: o novo R-105. São Paulo: APMP, 2001.

DELMANTO, Roberto; DELMANTO JR., Roberto; DELMANTO, Fábio M. de Almeida. *Leis penais especiais comentadas*. 3. ed. São Paulo: Saraiva, 2018.

DONOHUE, John J.; ANEJA, Abhay; WEBER, Kyle D. Right-to-carry laws and violent crime: a comprehensive assessment using panel data and a state-level synthetic control analysis. *NBER Working Paper*, n. 23510, p. 1-126, 2018.

FERRÉ OLIVÉ, Juan Carlos et al. *Direito Penal brasileiro*: parte geral – princípios fundamentais e sistema. São Paulo: Revista dos Tribunais, 2011.

GOMES, Luiz Flávio. Arma de fogo desmuniciada: perigo abstrato ou concreto? A polêmica continua. Disponível em: https://bit.ly/3OCjMjN. Acesso em: 3 dez. 2024.

GRECO, Luís. Tem futuro a teoria do bem jurídico? Reflexões a partir da decisão do Tribunal Constitucional alemão a respeito do crime de incesto (§ 173 Strafgesetzbuch). *Revista Brasileira de Ciências Criminais*, São Paulo, v. 82, p. 165-185, jan./fev. 2010.

HEFENDEHL, Roland. Uma teoria social do bem jurídico. *Revista Brasileira de Ciências Criminais*, São Paulo, v. 87, p. 103-120, nov./dez. 2010.

HORTA, Frederico. *Elementos normativos das leis penais e conteúdo intelectual do dolo*: da natureza do erro sobre o dever extrapenal em branco. São Paulo: Marcial Pons, 2016.

HOUAISS, Antônio et al. *Dicionário Houaiss da língua portuguesa*. Rio de Janeiro: Objetiva, 2009.

INSTITUTO SOU DA PAZ. *O papel da arma de fogo na violência contra a mulher:* análise da violência armada no Brasil de 2012 a 2019 a partir dos dados da Saúde. 2021. Disponível em: https://bit.ly/4f0u34d. Acesso em: 3 dez. 2024.

IPEA; FBSP (org.). *Atlas da violência 2019*. Rio de Janeiro: Ipea; FBSP, 2019.

IPEA; FBSP (org.). *Atlas da violência 2023*. Brasília: Ipea; FBSP, 2023.

JESUS, Damásio E. de. *Direito Penal do desarmamento*: anotações à parte criminal da Lei nº 10.826, de 22 de dezembro de 2003 (Estatuto do Desarmamento). 6. ed. São Paulo: Saraiva, 2007.

JESUS, Simone de; OLIVEIRA, Dijaci David; FRATTARI, Najla Franco. O crime de latrocínio em Goiânia: interações e conflitos na cena do crime. *Dilemas: Revista de Estudos de Conflito e Controle Social*, v. 14, n. 3, p. 821-842, 2021. Disponível em: https://bit.ly/3ZAVSeZ. Acesso em: 25 jun. 2024.

JUNQUEIRA, Gustavo; VANZOLINI, Patricia. *Manual de Direito Penal*: parte geral. 6. ed. São Paulo: Saraiva, 2020.

KINDHÄUSER, Urs. Pena, bem jurídico-penal e proteção de bens jurídicos. *Revista Brasileira de Ciências Criminais*, São Paulo, v. 95, p. 85-95, mar./abr. 2012.

LISBOA, Wesley Machareth; ASSIS, Joaquim Teixeira de; CARVALHO, Gil de; ZANI, José Humberto. Contaminação por resíduos de disparos de armas de fogo: perfil de variação dos contaminantes. *Revista Mundi – Engenharia, Tecnologia e Gestão*, Paranaguá, v. 3, n. 2, p. 1-11, maio 2018. Disponível em: https://bit.ly/3ZbJe4s. Acesso em: 25 jun. 2024.

MARCÃO, Renato. *Estatuto do Desarmamento*. 5. ed. São Paulo: Saraiva, 2021.

MASSON, Cleber. *Direito Penal*: parte geral. 17. ed. Rio de Janeiro: Método, 2023. v. 1.

MASSON, Cleber. *Direito Penal*: parte geral. 14. ed. Rio de Janeiro: Forense; São Paulo: Método, 2020. v. 1.

MINISTÉRIO DA JUSTIÇA. *Normas e princípios das Nações Unidas sobre prevenção ao crime e justiça criminal*. Brasília/DF, 2009. Disponível em: https://bit.ly/3D0Q7yj. Acesso em: 25 out. 2021.

MUGGAH, Robert; PELLEGRINO, Ana Paula. *Prevenção da violência juvenil no Brasil*: uma análise do que funciona. UNFPA Brasil, 2020. Disponível em: https://bit.ly/3BdqAkV. Acesso em: 4 dez. 2024.

NEGRINI NETO, Osvaldo. *Os laboratórios criminalísticos na moderna investigação policial*. Disponível em: https://bit.ly/3ZBZFJ1. Acesso em: 25 jun. 2024.

NUCCI, Guilherme de Souza. *Curso de Direito Penal*: parte geral. 7. ed. Rio de Janeiro: Forense, 2023. v. 1.

NUCCI, Guilherme de Souza. *Leis penais e processuais penais*. 13. ed. Rio de Janeiro: Forense, 2020. v. 1.

NUCCI, Guilherme de Souza. *Leis penais e processuais penais*. 13. ed. Rio de Janeiro: Forense, 2020. v. 2.

RABELLO, Eraldo. *Balística forense*. 3. ed. Porto Alegre: Sagra DC Luzzatto, 1995.

REIS JR., Almir Santos; SANTOS, Christiano Jorge. Posse ou porte ilegal de arma de fogo de uso restrito – art. 16 da Lei nº 10.826/2003. In: HAMMERSCHMIDT, Denise (coord.). *Crimes hediondos e assemelhados = Heinous crimes*. Curitiba: Juruá, 2020. p. 285-320.

ROXIN, Claus. *Derecho Penal:* parte general – fundamentos. La estructura de la teoría del delito. Navarra: Thomson Reuters, 1997. t. I.

SANTOS, Christiano Jorge. *Direito Penal*: parte geral. Rio de Janeiro: Campus-Elsevier, 2007.

SANTOS, Christiano Jorge. *Prescrição penal e imprescritibilidade*. Rio de Janeiro: Campus-Elsevier, 2010.

SANTOS, Juarez Cirino dos. *Direito Penal*: parte geral. 6. ed. Curitiba: ICPC, 2014.

SILVA, César Dario Mariano da. *Estatuto do Desarmamento*. 7. ed. Curitiba: Juruá, 2016.

SILVA, Oscar Joseph de Plácido e. *Vocabulário jurídico*. Atualizadores: Nagib Slaib Filho e Gláucia Carvalho. 28. ed. Rio de Janeiro: Forense, 2010.

SILVARES, Ricardo. Desarmamento – Lei nº 10.826/2003. In: CUNHA, Rogério Sanches et al. *Leis penais especiais comentadas*. 7. ed. São Paulo: JusPodivm, 2024. Capítulo 29. p. 1553.

TAVARES, Juarez. *Fundamentos de teoria do delito*. 3. ed. São Paulo: Tirant lo Blanch, 2021.

TJAM. *Manual de armamento e manuseio seguro de armas de fogo*. Manaus/AM, 2012. Disponível em: https://bit.ly/4gigMF7. Acesso em: 3 dez. 2024.

WOHLERS, Wolfgang. Teoria do bem jurídico e estrutura do delito. *Revista Brasileira de Ciências Criminais*, São Paulo, v. 90, p. 97-106, maio/jun. 2011.